JLA
図書館実践シリーズ 

司書が書く
図書館員のおすすめ本

日本図書館協会図書紹介事業委員会 

日本図書館協会

Let's Write Your "Recommended Books Review"
as Librarians!
(JLA Monograph Series for Library Practitioners ; 43)

司書が書く　：　図書館員のおすすめ本　／　日本図書館協会図書紹介事業委員会編. －　東京　：　日本図書館協会, 2021. －　186p　；　19cm. －　(JLA 図書館実践シリーズ　；　43). －　ISBN978-4-8204-2009-5

t1. シショ　ガ　カク　t2. トショカンイン　ノ　オススメボン
a1. ニホン　トショカン　キョウカイ
s1. 書評　① 019.9

はじめに

『司書が書く』は，日本図書館協会図書紹介事業委員会（以下，「委員会」）が全国の公立図書館と高等学校図書館等の司書に執筆依頼した書評のうち2016年10月から2019年2月号まで『図書館雑誌』に掲載した101点を書評集としてまとめたものです。

書評の対象になった図書は，執筆司書の勤務する地域の産業や特徴を扱ったもの，利用者に役立つと思われるもの，生徒との日常的なかかわりがあるものなど，司書たちのさまざまな問題意識によって選ばれたものです。いずれの書評も読んでもらいたい，図書館に備えてもらいたい，という司書の熱い思いが伝わってきます。

司書は，書評の書き手としてまだまだ認知されていないのが現状です。それは今まで書評を書く機会が少なく，また発表の場が限られていたからです。委員会では「図書館員のおすすめ本」を設けるとともに『週刊読書人』にも転載させていただくなど，発表の場を広げてきました。本書の出版の目的も司書が書いた書評を多くの方に読んでいただき，その魅力を伝えたいという願いからです。

本書では書評集のほかに出版人，書店員，研究者の方々から意見や期待の声も寄せていただきました。委員会ではこれらの声にこたえ，司書の書評が本と人を結びつける確かな存在となるように今後も尽力していきたいと思っています。

2020年11月

図書紹介事業委員会委員長　秋本敏

目次

c o n t e n t s

目次

c o n t e n t s

目次

contents

目次

第Ⅳ部 資料編 …………………………… 133

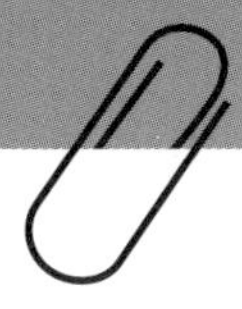

第 I 部

書評を書く司書がいること

—図書紹介事業と司書のもつちから—

図書紹介事業概要と図書館員が書評を書く意味

図書紹介事業委員会

図書選定事業から図書紹介事業へ

図書の選書は，図書館の蔵書を構築する上で，司書の最も大切な仕事の一つです。その選書を支えてきたのが，日本図書館協会（以下，協会）の図書選定事業です。この事業では，図書館の選書の指標として1949年から『選定図書速報』や『選定図書総目録』の発行を続けてきましたが，情報化社会の到来とともに多数の選定ツールが普及したことに伴い，2016年3月にその使命を終えました。

一方，協会は長年選書の参考情報を図書館現場に提供していたこともあり，選書に関わる情報提供の必要性を考慮し，2015年10月に「日本図書館協会における図書紹介事業に関する検討会」を設置して今後の方向性を検討しました。その結果，2016年3月に「協会が取り組む図書紹介事業の方向性」が報告され，「新たな視点による図書紹介事業」の検討が必要であるとの提言がなされました。これを受けて同年5月「司書会員による図書紹介事業ワーキンググループ」（以下，WG）を設置し，司書による書評を『図書館雑誌』（以下，『雑誌』）等のメディアに広く掲載するための試行を開始しました。

図書紹介事業委員会前史・WGによる試行期間

WGは，公立図書館関係者3名，学校図書館関係者1名，

協会役員メンバーで構成されました。WGの任務は，第一に書評作成に必要な事項を協議・決定させることにあり，その後それらに基づいて書評執筆者へ依頼・調整を行うことにありました。特に，原稿のフォーマットや書き方などを盛り込んだ執筆要領の明文化は重要なものでした。書評作成時点で，新刊書店の店頭または在庫があり，購入可能なものを書評の対象としました。これは，図書館での購入を可能にするためのものです。対象図書の範囲は，書評が充実している文芸書，児童書，『雑誌』内での書評との重複を避けるために図書館情報学関連図書や専門家に利用が限定される学術書やマニュアル等も執筆対象外としました。書評の内容では，悪意や攻撃を目的とした批判は行わないこと，人権やプライバシーに十分配慮した表現にすることなどを執筆要領に盛り込みました。

執筆要領の策定と並行して『雑誌』2016年10月号から2017年2月号までに「図書館員のおすすめ本」（以下，「おすすめ本」）と名付けて原則毎月4本の書評の掲載をしました。書評は，WGメンバー自身が執筆するとともに，メンバーの知り合いの司書に執筆を依頼することにしました。そのため，執筆者が関東近県の地域に偏ることになりました。原稿は，WGメンバーが内容をチェックし，必要な場合は修正の依頼をし，執筆者による修正・加筆等がされたものを，再チェックを経て書評として完成させていきました（「おすすめ本」ができるまで（p. 128-131）参照）。紹介図書の選定は，執筆者による自由な選択に任せました。こうして2017年3月までに執筆要領を策定し，執筆体制を整え，本格的な実施の準備が整っていきました。

図書紹介事業の本格実施

およそ，1年間の試行期間を経て，2017年5月にWGメンバーと新たな委員からなる図書紹介事業委員会（以下，委員会）を発足させて本格的な委員会活動を開始しました。『雑誌』への掲載は月ごとに4本とし，公立図書館の司書が3本，学校図書館の司書が1本の書評を執筆ことにしました。8月には，協会Webとチラシの配布によって「おすすめ本」の公募原稿募集を開始し，2020年4月までに2本の応募がありました。今後もたくさんの応募があることを期待しているところです。

一方，『雑誌』購読者以外にも読者を増やすために2018年8月から，協会ウェブサイトにて「おすすめ本」Web版を開始。2019年5月から株式会社読書人の協力により『週刊読書人』（毎週金曜日発行）に「おすすめ本」2点を書影付きで掲載していただけるようになりました。これにより，従来の図書館関係者に限られた読者層から出版社，放送等のジャーナリストや研究者，一般読者まで広がること，さらに月10万人が閲覧しているという『週刊読書人Web』にも掲載され，より広範な読者層に見ていただくことが可能になりました。

また，試行期間で明らかになった執筆者の地域的な偏在を解消するため，本格実施開始後にさらに委員を増員しました。これにより東北，関東，東海，関西の公立図書館関係委員6名，学校図書館関係委員2名体制となり，全国的な執筆者の確保が可能となりました。現在（2021年3月現在）では，40都道府県に及ぶ執筆が実現できました。今後は，残る7県からも執筆者を募り，名実ともに全国の図書館員による「おすすめ本」として充実させていきたいと考えています。

図書館員が書評を書くとは

司書による書評の意義は，年間 8 万点近く出版される新刊本の中から，司書の目で選び，内容を紹介し評価することで，読者が読むべきものを選択する材料を提供することにあります。しかし，図書館員の書評が全国紙等に掲載されるのはきわめて少ないのが現状です。これは，書評を書くことが司書の仕事としてほとんど組織化されておらず，個々の努力に任されていることにあります。また，大学の司書養成科目には書評に関連する科目がないため，それを学ぶ機会がほとんどありません。それでも全国には書評を書く能力がある司書がたくさんいます。執筆依頼をすると，ほとんどの司書が引き受けてくれます。また，「書きたかった」，「声をかけてくれてうれしい」という司書もおり，今まで書く機会が与えられず，才能を開花できない状況が続いていたのだと痛感します。

司書が書評を書く意義は，本を扱うさまざまな職種の中にあって著者や出版社，書店などと一定の距離があり，利害関係がないことです。本来，司書は，信用度が高く，公正な書評の書き手として期待されてしかるべき存在であるはずです。また，公共性に担保された司書の書評は，読み手にとって信頼でき，他の書評者とは違う強みがあります。

司書にとっても書評を書くことはその資質の向上にとても役立つはずです。書籍の内容を的確につかみ読者にわかりやすく紹介する文章力が鍛えられます。また，資料を深く知り，資料に精通した司書に育っていくことも期待できます。資料を熟知している司書の存在は図書館サービスの質的な向上にも役に立つことでしょう。さらに，書評の執筆は，個々の司書の能力向上につながるだけではなく，司書の社会的認知度を高め，広く出版文化を支えることにも寄与できるのではないかと思います。

これからも全国の司書による書評を掲載し，「おすすめ本」が図書館関係者だけでなく，一般の人たちにも本との出会いの場になればと願っています。

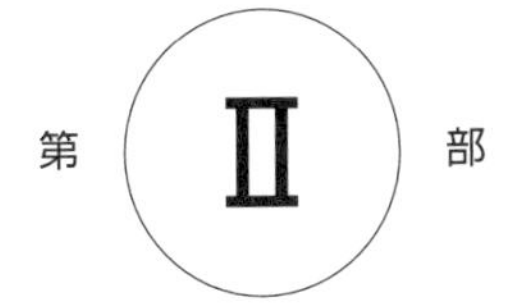

図書館員のおすすめ本

*評者の所属，書評本文の年月等は，『図書館雑誌』掲載当時。『図書館雑誌』掲載号・評者名の五十音順に掲載しました。

日本の森列伝　自然と人が織りなす物語

米倉久邦著　山と溪谷社　2015　¥880（税別）

大塚敏高
元神奈川県立図書館

都会に暮らしているとつい忘れがちになるのだが，「日本の国土は約7割が森林に覆われている」（まえがき）と改めて聞くと「そうだったな」という思いがわく。日本の森林は，北海道の亜寒帯から始まり，冷温帯から暖温帯，そして沖縄は亜熱帯と南北約3,000kmにも連なっている。これによる気候の違いは生育する森林の違いを生み出し，多様な個性あふれる森林を育んでいる。

そうした森林の中から，「列伝」のタイトル通り北海道北限のブナの森，山形県庄内海岸防砂林，滋賀県比叡山延暦寺の森，沖縄西表島マングローブの森等々と12か所の森林を訪ね，紹介するルポルタージュとなっている。著者は，現在森林インストラクター。そしてフリージャーナリストでもある。森林を訪ねるときの重要な視点として，人と森林との関わりをあげたところにも，この本の大きな特徴がある。

ジャーナリストの眼を持って森林を歩き，森林に関わった人の話を丁寧に聞き，これまでの歴史的な経緯をも丹念に調べて，読者に考える材料を提供している。例えば，南限とされているトウヒ（北海道のエゾマツとほぼ同じ種）の森が枯れ，白骨林状態になってしまっていることをどうすれば良いかという問題がある。紀伊半島大台ケ原の森林のことだ。ここでは，自然保護団体と環境省との間に，自然観について意見の違いが出ている。著者はこう書いている。「人がどこまで，自然に関与し管理するべきなのか。根本の課題に対する“解”は，これから大台ケ原がたどる歴史がだしてくれるかもしれない。」（p.330）あくまで，読者に考える材料を提供し，一緒に考えようという姿勢を崩さずにいる点に敬意を表したい。

「ヤマケイ新書」として気軽に手にすることができるが，読み進むうちに重い内容を含んでいることに気づく。日本の森林の今を知ることのできる好著である。

ブライアン・ウィルソン＆ザ・ビーチ・ボーイズ　消えた『スマイル』を探し求めた40年

ポール・ウィリアムズ著　五十嵐正訳
シンコーミュージック　2016　¥2,300（税別）

大林正智
田原市図書館

ザ・ビーチ・ボーイズの芸術的成功の頂点とされるアルバムは『ペット・サウンズ』である。それまでの彼らの作品に比べ内省的で，革新的だったそのアルバムは（少なくとも発売当時としては）決して商業的に大成功したとは言えないが，ロックの歴史に彼らの名前を刻むことになった。

その名盤『ペット・サウンズ』の次に来るべきアルバムが『スマイル』だった。本書はザ・ビーチ・ボーイズの作品としては未完となった『スマイル』がいかにして失われ，そして違う形で再び光を浴びたかを，約40年にわたって追い続けたロック評論家の物語である。

幻の傑作の断片に出会った評論家は，その断片の周りを回り続け，併走し続ける。その振る舞いを読み進むうちに読者は，ビーチ・ボーイズの中心人物であるブライアン・ウィルソンという人間とともに，著者のポール・ウィリアムズに関心を向け始める。いったいこの男はなぜこんなに『スマイル』にこだわり続けるのか，と。そしてその疑問は次の疑問へと連なる。それほどまでにこの男を執着させる『スマイル』とはどんな著作物だったのか，と。

著作物が生み出され，受け手に届くまでの流れの中に評論家の仕事はある。図書館員の仕事（の一部）も同様である。生成から評価まで，時として想像を絶する時間を必要とするその流れの中で，どうしたら本当に著作物を「届ける」ことができるのか。

「ザ・ビーチ・ボーイズについての本はありますか」と問われたら，検索して手渡すことは容易である。ただその本を本当に必要とする人に「届ける」ためには，どれだけの知恵と工夫，そして情熱（もしかしたら執念）が必要になるのだろう，と考えさせられてしまう一冊である。

本の声を聴け　ブックディレクター幅允孝の仕事

高瀬毅著　文藝春秋　2013　¥1,850（税別）

乙骨敏夫

元埼玉県立熊谷図書館

書籍の売り上げが落ちる中，インテリアとしての本に注目が集まっている。「ブックディレクター」幅允孝（はば・よしたか）の元には，病院，レストランなどのほか，本の多彩な魅力に引き付けられたさまざまな企業から依頼が殺到する。

幅は依頼主の意向に耳を傾けながら，本棚づくりの大体のイメージを練る。その際，書店の一般的なジャンル分けや図書館分類とは異なる視点で「セグメント」化を行う。福岡の美容室を例に挙げると，「装い」「スタイル」「食も大事」「子どもたちへ」「すてきな生き方」などである。そして，一見つながりの薄い本を配置する。

「ベストセラーも，そうでない本もさりげなく“共存している”」(p.70)棚には押し付けがなく，「本好きが往々にして陥りやすい偏った選書ではなく，多くの人がさまざまなテーマに関心を持てるようなポピュラリティーを持った水準で，専門書からコミックまで集め，それぞれの棚で一つの世界観を作っていく」(p.91)。

こうした棚づくりの根底にあるのは，どんなものでも等価値とみなす考え方である。幅は上から目線を極力排除しようとしているのである。

棚づくりの発想そのものはこれまでにもあった。1980年代に一世を風靡した池袋リブロの「今泉棚」や，本文中で紹介されている編集工学者松岡正剛の「松丸本舗」もまた，独自の思想に基づく棚づくりだった。

出来上がった本棚は三者三様だが，共通点が一つある。三人とも大変な読書家だということである。幅は精読する本だけで，年間300冊におよぶという。広範な読書に支えられなければ，多くの人の共感を呼ぶ棚づくりは不可能なのだろう。

『リブロが本屋であったころ』（論創社　2011），『松丸本舗主義』（青幻舎　2012）と併せ読むことで，いくつもの貴重なヒントが得られるはずだ。

研究不正　科学者の捏造，改竄，盗用

黒木登志夫著　中央公論新社（中公新書）　2016　¥880（税別）

砂生絵里奈

鶴ヶ島市教育委員会

人は何故，不正に手を染めてしまうのだろう。また，不正が後をたたないのは何故か。

STAP 細胞事件は皆の記憶に新しい。あの事件では遂に自殺者まで出してしまった。自殺した笹井氏は，優秀な研究者で世界にとって貴重な人材だった。

この本は研究不正に関する古典的名著『背信の科学者たち』（ウィリアム・ブロード他著　講談社　2014）を受け継ぐ形で書かれた。研究不正について 42 もの事例を挙げ，不正が何故起こるのかを不正をする人の心理まで掘り下げ，また不正の結果の虚しさを訴え，不正を無くすためにはどうすれば良いかが書かれている。

著者自身が研究者として身近に見ている事例が多いだけに，その訴えは切実である。

本文中，夏目漱石の『虞美人草』から引用している「嘘は河豚汁である。その場限りで祟りがなければこれほど旨いものはない。しかし中毒（あたっ）たが最後，苦しい血も吐かねばならぬ。」という一文は，研究不正の実態や，その結果どんな結末が待ち受けているのかをよく言い表している。

また，不正が発生する一因として，研究資金の不足も言われている。

国立大学や研究機関の法人化で，運営費は著しく減額されている。研究しようと思えば，外部資金獲得競争に勝たなければならず，そこに研究不正が生まれる素地ができてくる。さらに，資金を獲得できたとしても，直ちに見える成果を出さなければ，途中で打ち切られるかもしれず，こういった社会的背景も不正を増やす要因となっている。

よく公共図書館員は文系が多く，科学が苦手と言われるが，もっと科学と向き合うべきである。誤った情報に気づかずにいるのは，司書として恥ずべきことである。もしかすると，捏造された情報が堂々と書架に並んでいるかもしれないのだから。

カラスと京都

松原始著　植木ななせ・松原始イラスト
旅するミシン店　2016　¥1,500（税別）

高田高史
神奈川県立川崎図書館

多くの研究者が，どのように学問の道を選んできたのかを，我々は知らない。ノーベル賞受賞者の若き日のエピソードが報道されることはあるが，それは等身大のものとは受け取りにくい。

本書は，カラスの研究者として知られる松原始氏が京都大学（おもに学部）で過ごした日々を記したものである。松原氏の著書『カラスの教科書』（雷鳥社　2013）や『カラスの補習授業』（同　2015）を読んだ方はわかると思うが，遊び心を交えた文章を書ける方なので，あまり難しく考えずに手にとってかまわない。

おもな内容は，授業とフィールドワーク，部活（野生生物研究会），カラスの観察，菓子パン程度の食生活と酒などである。色恋はまったく触れられていないが，カラスとの出会いと，その後の片想い（両想い？）は記されている。学部生の時期なので研究の成果は本書の範疇ではない。「途中下車の旅　鹿児島→山口」という紀行文も私は好きだが，あくまでフィールドワークの復路である。

ほかにも，京都大学のキャンパス，出町柳，下鴨神社周辺に限定した観光客には役に立たない京都情報も得られる。下鴨神社の境内で，カラスの写真を楽しそうに撮っている観光客がいたら「松原先生の本を読まれたのですか」と声をかけても笑ってくれる可能性は７割くらいありそうだ。ただし，人見知りの方も多い気がするので，そそくさと逃げられるかもしれない。

本書のあとがきで松原氏は「そして，何よりも大学でよく見かけた学者という生き物の姿が，大学で得た一番大きな経験だと思うのだ。」と記しているが，その学者がどうやって生まれていくのかというひとつのケースを，本書を通して知ることができる。大学の４年間を本にまとめられたのは，密度の濃い時間を過ごせたからであろう。その４年間をうらやましく，すこしまぶしく感じながら読み終えた。

認知症になった私が伝えたいこと

佐藤雅彦著　大月出版　2014　¥1,600（税別）

舟田　彰
川崎市立宮前図書館

認知症に対する認識を改めた一冊である。

著者が認知症の当事者であるが故，文章の一文字ごとに重みを感じる。今までいつもと変わりない日常生活の中，ある時に小さな異変に気付き検査。51歳で認知症と診断され，仕事は退職することとなる。自分で認知症について調べたが，知れば知るほど生きることに失望を感じるようになる。

さらに，若年性認知症に対する偏った情報，誤った見方は一般市民と当事者本人が信じてしまうという二重の偏見が生まれてしまうことを知る。人間の価値を「できること」･「できないこと」により語るべきではなく，一人の人間として生きることの判断を自ら意思決定するのだと強く文中に表されている。

認知症でも自分らしく生活する術のさまざまな工夫を丁寧に説明している。個性を大切にし，人からの支援や機械を駆使しながら，家から外へ出てできるボランティアなどを行う。そこで世の中に役立つことが自分の自信と生きがいを感じると説いている。また，認知症の偏見をなくすため，著者が講演を行い社会へその声を届け，後に行政へ認知症施策について提案する団体を設立し活動を始めるのである。しかし世間からは「認知症らしくない」や「売名行為はやめなさい」とまで言われた。一生懸命生きようとするが一部では冷ややかな視線を浴びる場面もあった。

最後の章では著者から私たちへのメッセージが綴られている。その中で「認知症になっても幸せに暮らせる社会を一緒に作っていこうではありませんか。」という一文に心が揺さぶられた。さらに「何もできなくても，尊い存在なのです。」というメッセージには当事者の想いがすべて込められていると感じた。

認知症の理解を深める際に，当事者の声に勝るものはないことがわかった。

断片的なものの社会学

岸政彦著　朝日出版社　2015　¥1,560（税別）

小野　桂
神奈川県立図書館

いじめられた，というほどはっきりした体験でなくとも，何となく仲間外れのような感じ，誰ともなじめない気持ちが持続してしまう時期があったことはないだろうか。どうにかそこを生きのびた後で，あの頃の自分や，今それと同じような状況にいる人に送りたくなるような一言――なかなか言語化できなかったそういうようなことを言い当ててくれたようなところが，この本にはあると思う。

たとえば，「ある人が良いと思っていることが，また別のある人びとにとっては暴力として働いてしまうのはなぜか」(p.111)。それは，それが「個人的に良いもの」ではなく，「一般的に良いもの」という語りになってしまったときに，そこ（一般）に含まれる人と含まれない人の区別を作りだしてしまうから。「子どもを持つのが幸せ」という言説は，さまざまな事情で子どもがいない人をつらい思いに追い込む。けれどもその言説に合致する人にとっては，逆に肯定感が増して生きやすくなったりもする。だからどうだということは，ここでは言われない。ただ，そういう仕組みがあることをわかったほうが，たぶん気が楽になる。

また，「誰にでも，思わぬところに“外にむかって開いている窓”があるのだ。私の場合は本だった。（中略）彼女にとっては，夜の仕事が外へ開いた窓になった」(p.82-83)。いつもいる場所とは違う世界が“ある”ことを知らなければ，その世界で何かまずいことが起こったときに破たんまでつきすすんでしまいかねない。けれど，世界はそこしかないわけではないよ――と，そのことを知っているだけで，だいぶ違う道が開けることもある，ということが大切なのだと気づかせてくれる。

いろいろな聞き取りをしてきた社会学者のエッセイである。各章の冒頭に掲げられている写真もいい。

翻訳できない世界のことば

エラ・フランシス・サンダース著　前田まゆみ訳
創元社　2016　¥1,600（税別）

木下通子
埼玉県立春日部女子高等学校
（現所属　埼玉県立浦和第一女子高等学校図書館）

学校図書館は限られた年齢の子どもたちを対象にサービスを行う図書館。一口に学校図書館と言っても集まってくる生徒が求めるニーズは学校によってさまざまで，収集する本は学校の教育課程の内容により，特徴が変わる。

私の勤務している高校は，普通科と外国語科の 2 学科がある女子伝統校。女子校ということもあり，生徒たちはかわいい本が大好きだ。

先日，本校外国語科の講演会で，翻訳家の金原瑞人さんのお話を聞く機会があった。印象に残ったのが，「I」という一人称も「You」という二人称も，日本語では 100 通り以上の言い表し方があるけれど，日本語の「私」も「僕」も「俺」も全部，英語に訳すと「I」になるという話だった。

この本には翻訳できない世界の言葉が 52 載っている。見開き 1 ページで単語を紹介し，その単語にぴったりのイラストと解説が添えてある。たとえば，ドイツ語の「Drachenfutter」（ドラッヘンフッター）という単語は，直訳すると『龍のえさ』。夫が悪いふるまいを妻に許してもらうためのプレゼントを表す名詞だそうだ。『龍のえさ』という名詞に，そんな深い意味があるなんて！

SNS など情報伝達手段が発達し，世界中の人とのコミュニケーションができるようになった。それでも，言葉の解釈やそこにこめられた感情や要望など，理解のギャップを埋めることは，そう簡単にはできない。この本は言葉を通して人とつながることの意味を考えさせてくれる。

52 の言葉の中には，日本語が四つ入っている。「ボケっと」「ワビサビ」「ツンドク」「木漏れ日」。私は「木漏れ日」の解説が好き。【木々の葉のすきまから射す日の光のことで，まばゆくて目を閉じてしまうほどに美しいもの。緑の葉のあいだをすりぬけた光は，魔法のように心をゆさぶるでしょう。】言葉が響いてくる本だ。

ブラック・スワン
不確実性とリスクの本質　上・下

ナシーム・ニコラス・タレブ著　望月衛訳
ダイヤモンド社　2009　各￥1,800（税別）

高橋将人
南相馬市立中央図書館

大きな地震とともに“想定外”と称された歴史的な事故が日本で起こってから，はや6年がたとうとしている。この6年の月日は被災地に生活の足音と，別の土地にまた新しい災害を無表情に運んできた。規模の大小を問わず，まだ見ぬリスクに対して人々は知識とデータを根拠に予測を試み，未来を想定し，対策を考えている。一度切ってしまった“想定外”というカードを使うことは，もう許してもらえない。

本書中では，現実的に起こる確率の低い，しかし起こってしまえばとてつもない衝撃を与え，なおかつ想定することが困難な事象を「黒い白鳥」と呼び，いろいろな角度から考えを深めていく。浮き上がってくるテーマは「未知の未知」や「予測の限界」等。私たちが未来の黒い白鳥に対してどう準備すべきかのヒントがあちこちに散りばめられている。ただし，そのヒントはもしかするとわかりづらいかもしれない。地図はあってもナビゲートまではしてくれない。本書においてはそのこと自体にもきちんと意味を持たせている。大災害やテロに限らず，身近なところで私たちの今の環境を大きく変えてしまう事象に，どう向き合っていくのか。拾ったヒントをパズルのように組み合わせていく体験こそが本書の醍醐味である。

リスクに対する準備というテーマを扱った類書に『最悪のシナリオ　巨大リスクにどこまで備えるのか』（キャス・サンスティーン著　田沢恭子訳　みすず書房　2012）がある。こちらは「1パーセント・ドクトリン」の概念を採用し，主に費用対効果の面からページを進めていくが，2冊を並べることで「ブラック・スワン理論」の輪郭がよりはっきりと浮かび上がる。より多くのヒントを手元に置くために，こちらの本も（少し専門的ではあるが）ぜひお薦めしたい。

洋菓子百科事典

吉田菊次郎著　白水社　2016　¥9,000（税別）

山作美幸
神奈川県立保健福祉大学附属図書館

日本の洋菓子文化は，安土桃山時代に渡ってきた南蛮菓子から始まり，明治期の西洋菓子で広まった。お馴染みのショートケーキやスウィートポテトなどは，日本人が考案した洋菓子である。今では，洋菓子店のみならず，デパート，コンビニなどさまざまな場所で見つけることができる。

図書館でも洋菓子の作り方や歴史についての本を求める利用者も多いだろう。しかし，洋菓子について，さて調べよう！ とすると，種類や作り方，来歴など，さまざまな文献を探すことになり，調査をするための基礎となる資料が少ないことに気付く。そのようなことを感じていた折，本書が発行された。

著者である吉田菊次郎氏は，洋菓子店「ブールミッシュ」の社長であり，洋菓子に関する著作を多数執筆してきた。あとがきにて「製菓業界の『広辞苑』（岩波書店）を目指させていただきました。」というように，日本および各国の洋菓子を網羅するとともに，その原材料や用具，そして製菓人や料理人のみならずそれらの職業における守護聖人についても立項した事典である本書は，洋菓子に関する事柄を調査するのに最適な資料といえる。

圧巻はp.530-613に掲載された二つの年表，神話時代〜平成25年の事柄が記載された「西洋菓子の日本史」と，先史時代〜2000年代の事柄が記載された「西洋菓子の世界史」である。特に「西洋菓子の日本史」は，日本人とお菓子との関わりを知り，西洋菓子の普及過程，そして現代のお菓子業界の現状までを俯瞰できる。

洋菓子は，日本人の手によって，独自の進化をとげ，日本の「洋菓子」となった。洋菓子業界に長年携わってきた著者の手によって，多数の参考資料（巻末記載）や膨大な記録が取りまとめられた本書は，日本独自の洋菓子の世界を知るための道筋となる1冊である。

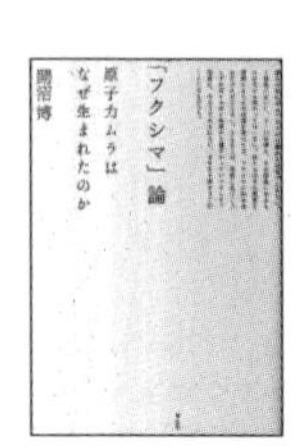

「フクシマ」論
原子力ムラはなぜ生まれたのか

開沼博著　青土社　2011　¥2,200（税別）

秋本　敏
元ふじみ野市立図書館

福島第一原子力発電所事故の直後に行われた4月統一地方選挙では原発立地の自治体で安全対策の是非が争点となったが，原発反対派の目立った伸長はみられなかった。反原発運動の高揚もあったが，原発の再稼働の動きも止まらない。あれだけの過酷事故が起きたにもかかわらず，この国は，なぜ脱原発へと舵が切れないのかという疑問を抱え続けていた時に出会ったのが本書だった。

著者は福島県いわき市出身。3.11（東日本大震災）以前に書いた修士論文をもとに構成されている。主題は「フクシマ」が原子力を受け入れて現在までを「中央と地方」「戦後成長」などをキーワードにして研究したもの。学術論文という地味本ながら，3.11原発事故によって注目を集めた。

「地方は原子力を通して自動的かつ自発的な服従を見せ，今日に至っている」（p.358）という言葉に私の疑問解決のカギがあった。原発を受け入れたムラは，出稼ぎがなくなり，さまざまな商店ができ，都会をムラに現出させることによって原発は「信心」となっていく。スリーマイル，チェルノブイリ，東海村JCO臨界事故が起きても「出稼ぎ行って，家族ともはなれて危ないとこ行かされるのなんかよりよっぽどいいんじゃないか」（p.112）と「ムラ」の安全を信じてしまう意識構造が原発の維持を支えている。

地方行政でも，元知事佐藤栄佐久の「原発・プルサーマルの凍結，見直し」に対し，中央からの推進圧力とともに県会議員や原発立地自治体から凍結反対の声が上がる。こうして中央と共鳴しながら自ら持続的に原子力を求めるシステムが強固に構築されていく。

3.11以降も「原発には動いてもらわないと困るんです」（p.372）と，ある原発労働者は生活の糧としての原発の存続を願う。原発を「抱擁」し続けるこの国の在り様が，若手社会学者によってまざまざと描き出された一冊である。

破綻からの奇蹟　いま夕張市民から学ぶこと

森田洋之著　南日本ヘルスリサーチラボ　2015　¥1,200（税別）

岩本高幸
桜井市立図書館

先日関西の館長クラスが集まった雑談の席で，いまも公共図書館が未設置の市の話題になった。その一つである北海道夕張市は，2007年に約353億円の赤字を抱えて財政破綻した自治体である。このニュースは，自治体も倒産するのだという衝撃とともに，炭鉱と特産のメロンで全国的に名の知られた町がダメになってしまうのかという悲哀感と，自分の住む町も同じようなことになるかもしれないという不安感を日本中に抱かせたと思う。

夕張市の人口は1万人，全国の市の中で高齢化率が47%と日本一である。財政破綻の影響で，さまざまな行政サービス，公共サービスが停止した。

市内唯一の総合病院の閉鎖もその一つである。CTやMRIなどの検査機器も，救急病院もなくなり，住民は十分な医療を受ける手立てを失った。では，住民は安心して夕張で暮らすことができなくなってしまったのだろうか。

2009年当時，南国宮崎県の大きな急性期病院の研修医であった著者は，豪雪の夕張に家族とともに転居し，今までとは180度違う医療現場に携わった医師であるが，上記の問いに対し明確に「否」と答えている。大きな理由は，住民の終末期医療に対する意識が変わったことだそうだ。これを受け，今後の医療の役割についての著者の真摯な考えも示されている。

こう書くと，難解な内容かと読むのを躊躇されるかもしれないが，3人の登場人物が軽妙に対話をしながらわかりやすく医療現場のキーワードを伝えてくれる内容で，住民の日々の生活もいきいきと描かれている。

2060年には高齢化率が40%を超え，日本全体が夕張市と同じ状況を迎えるという。「大きな病院で診察してもらえば安心だ」という「なんとなくの当たり前」を見直し，自分が受ける医療を身近な問題としてとらえることができる一冊である。

日本語の科学が世界を変える

松尾義之著　筑摩書房　2015　¥1,500（税別）

栗生育美
吹田市立中央図書館

話題提供の意図もあり，遠出した折には私はあえて関西弁で話すことにしている。「関西弁ってあったかいですよね」，こう話される方の地域の言葉にこそ，私は温かみを感じる。

方言に親近感を抱く以上に，日本語を母語とする我々は英語に対して強い憧れを抱く。世界の共通語が英語だということがその理由だろう。他方，この影響が顕著に現れるはずの科学の世界において，日本語で考えることの有効さとその重要さが，本著で述べられている。

科学の世界になじみがなくても，「陽子」にプラス電荷を帯びていることや「葉酸」が植物の葉に含まれることは推測できる。「分光学」と聞いて「光を分ける」ことと何らかの関係があることも想像できる。どうやら，英語ではこううまくはいかないらしい。

これらは訳語の力である。普段我々が使う概念を表す言葉の多くは，外国から持ち込まれ，明治期に翻訳されたものであり，「科学」もその一つである。つまり，科学を「科学」と呼んだ時点で，我々は「日本語で」科学をとらえているわけである。

著者は，科学雑誌の編集者として，またジャーナリストとして，日本語の話者にも英語の話者にも理解を得られるよう工夫を織り込みながら，翻訳を繰り返してこられた。この経験に基づいた解説や主張には非常に説得力があり，専門家と一般読者の間を取り持つこの著者もまた，他の研究者と同じく世界の科学に貢献している存在であるといえる。

ところで，本著での主張を曲解して冒頭の話に当てはめると，旅先でも関西弁で考え行動することを勧められるわけである。が，仮にこれを実行した場合，周囲の人々が多大な迷惑を被ることは避けられず，これぱかりは慎まなければならぬと強く決心した私である。

オオカミの護符

小倉美恵子著　新潮社　2011　¥1,500（税別）

山成亜樹子
神奈川県立図書館

神奈川県川崎市宮前区土橋。私の地元から少し離れた，都会的で洗練された街というイメージを抱いていた。

川崎市内の職場に勤務していた時，先輩職員が勧めてくれたのが『オオカミの護符』であった。読み進むにつれ，地域には太古から息づく文化が現代にも脈々と伝わっており，土橋地区の「もう一つの顔」をこの本から垣間見た思いがした。

著者・小倉美恵子氏の生家にある土蔵の扉に貼られた「護符」。幅 10cm，長さ 30cm ほどの細長い紙には，鋭い牙を持つ「黒い獣」が描かれていた。「護符」は何度も張り替えられ，土橋地区の農家の戸口や台所，畑などに掲げられていたそうだ。しかし，昭和 47（1972）年頃から急速な人口の増加，街並みの整備に伴い，「護符」を見かけることも，その存在を知る人も少なくなってしまったそうである。著者自身，「護符」はどのように入手しているのか疑問に思っていた矢先，「土橋御嶽講」の存在を知ったそうだ。

「土橋御嶽講」とは，農繁期が始まる前に，作業の無事と豊作を願って「講」を組んで青梅市の武蔵御嶽神社にお参りに行き，「護符」をいただいてくる行事である。「護符」に書かれている言葉の意味，描かれた「黒い獣」の正体を追って，青梅市から調布市，埼玉県三芳町，秩父市，山梨県･･･と，関東一円に舞台は広がっていく。各地で継承されている神事，風俗には現代の暮らしの礎になっているものも少なくない。

一枚の「護符」がもたらしたもの。それは，地域に息づく先人たちの「声」を私たちに届けてくれる，時空を超えた旅であった。変化の激しい社会の中で，手間をかけ，風習を守り伝えることは生易しいことではない。しかし，郷土を大切に思う人びとの気概を胸に刻み，未来の世代へ伝えていきたい，その思いを新たにした 1 冊である。

弱いつながり　検索ワードを探す旅

東浩紀著　幻冬舎（幻冬舎文庫）　2016　¥540（税別）

亀田純子
神奈川県立津久井浜高等学校図書館

著者は近年注目の現代思想研究家であるが，本書は「ネットは階級を固定する道具です。」という挑発的な一文から始まる。そして「『かけがえのない個人』などというものは存在しません。ぼくたちが考えること，思いつくこと，欲望することは，たいてい環境から予測可能」（p.13）だとネット社会を分析する。だからこそ「環境を意図的に変え」「グーグルが与えた検索ワードを意図的に裏切ること」（p.14）で，環境がはめ込もうとする姿を自らの手に取り戻すことを提案する。そしてその具体的な方法や意味を著者のさまざまな体験をもとに述べている。

またネットには無限の情報が溢れていると思われがちだが「だれかがアップロードしようとしたもの以外は転がっていない」（p.65）ことを強調する。その上で「言葉にならないものを言葉にしようと努力すること」（p.65）が重要だと言う。そのためには弱いつながりの関係性を保ちながら，「観光客」の視点でリアルに「旅」をする必要性を訴える。

私事で恐縮だが，自宅から職場までに書店が1軒もない地域に住んでいると，ネット書店のお世話になることが多い。ご存知のとおりネット書店は，前回検索した本をもとに趣向にあった本を提示してくれるため，探す手間が省けて便利である。ただそれを繰り返していると，何やら不安な気分になってくる。この感覚はネットによって自分の環境を固められてしまうことに対する，まさに本能的な拒否感覚ではないだろうか。リアルな身体感覚による移動，つまり書店に出向いて本を探す作業――本書で言うところの「ノイズ」を入れること――は，やはり大切なのだ。

本書は「哲学とか批評とかに基本的に興味がない読者を想定」（p.18）とある。SNSにどっぷり浸かっている若者にこそ読んでほしい1冊である。

プーチン　人間的考察

木村汎著　藤原書店　2015　¥5,500（税別）

前田真樹
飯能市立図書館

2016年は，国際政治においてまさに激変といえる年であった。英国が国民投票でEU離脱を決め，米国の大統領選挙では過激な発言の数々で有名なトランプ氏が当選した。フィリピンでもドゥテルテ大統領が誕生し，行き過ぎた麻薬取締による人権軽視に批判が集まったことが記憶に新しい。さて，似たようなタイプの政治家が従前より活躍していた国があるのはご存知だろうか。そう，ロシアのプーチン大統領である。彼もまた「テロリストは便所に追い詰めて肥溜めにぶち込んでやる」などと，時に人権を軽視した，あるいは品のない発言が話題となる，強権的とされる人物だ。

「プーチンが大統領に就きさえすれば，ロシアでは万事が一挙に好転するのではないか。このように自分勝手な想像で，有権者たちはプーチンにたいする期待感をふくらませはじめた。」(p.64)

この光景，どこかで見覚えはないだろうか。

本書は，ロシアの政治がプーチン氏個人にかなりの程度依存していることを指摘している。それとともに，彼の力の源泉は何なのか，また民衆のどのような欲求が彼に票を与えているのかを，彼の幼少期の経験まで遡り，緻密に積み上げて検証するものだ。

これが現在のロシアを考えるのに必要不可欠であることは言うまでもないが，それに加えて，私は先に挙げたような「激変」が何故起こったのか，何が人々の望みであったのか，そういうことを考えるうえでも，有益な示唆を与えてくれるものだと考えている。

プーチン氏を通して，政治におけるリーダーシップの役割や，それを制約する環境との関係など，政治理論一般にまで敷衍して説明している。彼のやり方を通して，民主主義というものの課題やそれとどう向き合っていくべきかなど，そこまで考えさせられる力がこの本には秘められている。

世界のエリートが学んでいる教養としての哲学

小川仁志著　PHP 研究所　2015　¥1,400（税別）

山下樹子
神奈川県立図書館

「哲学」という世界を覗いてみようとしたとき，果たして途方にくれてしまった。著名な哲学者の書を読むほどに自分が哲学の世界のどこを歩いているのかわからなくなっていった。そしてたどり着いたのは，「そうだ，教科書を読もう！」。

学生ではない大人に教科書の需要があるのは，効率的に公平に世界を理解できる本として認識されているからだろう。教科書そのものではないが，そうした役割を果たしてくれるのが本書である。「グローバルビジネスに必須と思われる哲学の教養を，ビジネスのためのツールとして位置付け，紹介していきます。」（p.9）と目的を説明しているが，世界で活躍する予定がなくても，哲学の道を歩く前に入り口で迷った人を救う教科書として活用することができる。

哲学という分野を歴史，思考，古典，名言，関連知識，人物，用語，という複数の視点から見ることにより全体像を俯瞰してとらえられるように構成されており，これから読むべき哲学書を選択する際の参考にもなる。関連知識として，宗教，倫理，日本の思想についてもふれており，多文化を理解する上で必要な知識も得ることができる。

第一章にあたる「ツール 1 歴史」の冒頭には「大づかみでわかる哲学史」という図が登場する。古代ギリシア，中世，近代，現代の哲学の流れが一目でわかるように整理されており，この図を頭に入れて読み進める感覚は，地図を持って道を歩くのに似ている。哲学の道のどこを歩いているのかを意識しながらの読書は知識や自分の考えの整理もしやすい。

本書のタイトルには「教養」という言葉が含まれているが，教科書で得た知識を教養に育て自分のものとするのは，自ら選んだ本のその後の読書だろう。

中村屋のボース
インド独立運動と近代日本のアジア主義

中島岳志著　白水社　2005　¥2,200（税別）

若園義彦
元鶴ヶ島市立図書館

インドカリーで有名な新宿中村屋は新宿駅近くで存在感を示している。カリーの由来は1915（大正4）年に来日した1人のインド人に遡る。

インド独立運動のリーダーといえばチャンドラ・ボースを思い浮かべるものの，ここでは先輩格のラース・ビハーリー・ボース（以下R.B.ボース）が主人公である。英国からの独立闘争の指導者であり，インド総督爆殺未遂事件の首謀者として英国官憲に追われる身となる。ノーベル賞作家タゴールの身内を装い日本に逃れるも，探索は身辺に迫る。その危機を救い匿ったのは中村屋の主人相馬愛蔵であった。まさに侠気である。まるで冒険小説のような逃避行を経て，ここから中村屋との深い縁が生じ，やがて娘の俊子と結婚して日本国籍を取得する。中村屋には本場のインドカリーを伝授する。

R. B. ボースを取り巻く人脈は多彩で，頭山満，内田良平などの右翼団体玄洋社・黒竜会系の人士をはじめ，大川周明，安岡正篤，犬養毅などがいて，一方では孫文とも交流があった。R.B.ボースは日本の力で英国を駆逐しインド解放を目指し，日本側はアジア進出の橋頭堡と現地の親日勢力確保に利用しようとしていた。やがて大東亜共栄圏構想に取り込まれ軍部に同調する彼への同志たちの不信は募り，病魔にも侵され，チャンドラ・ボースにその地位を譲ることになる。

気鋭の政治学者として注目されている著者らしさが随所に見られる。例えばR.B.ボースを庇護した玄洋社・黒竜会系には思想があるわけではない，心情的アジア主義者であって「重要なのは，思想やイデオロギー，知識の量などではなく，人間的力量やその人の精神性・行動力にこそあった。」（p. 129）と評している。著者と島薗進の対談『愛国と信仰の構造』（集英社 2016）もあわせて読むことを薦めたい。

裸足で逃げる
沖縄の夜の街の少女たち

上間陽子著　太田出版　2017　¥1,700（税別）

川﨑彩子
飯能市立図書館

「15 歳のときに，地元を捨てた」著者が沖縄に戻り，「今度こそここに立って，女の子たちのことを書き記したい」という思いで，6 人の少女の人生を書いた 1 冊。

私が特に印象に残ったのは，「カバンにドレスをつめこんで」である。これは，鈴乃という名前の女性が高校の定時制課程に入り直し，夕方になるとカバンにドレスをつめこんで学校に行き，学校が終わったらそのまま，キャバクラに出勤していたことからとったものだ。

取材時，彼女は日中，看護専門学校に通い，夜はキャバクラで働きながら重い脳性まひの子どもをひとりで育てていた。彼女は 16 歳で子どもを産むが，恋人から暴力を受け続け，傷跡をメイクで隠して入院中の子どもを見舞う生活をしていた。その時，彼女を気遣ってくれた看護師がいたことから「看護師になりたい」という夢を抱き，奮闘していた。彼女の意志や努力には頭が下がる。しかしそれ以上に，著者の「それにしても，鈴乃はなぜこんなにもがんばり続けないといけないのだろうか。」という一文がとても心に沁みた。

家族や周囲から支援を得られない少女たちは時に，着のみ着のままの裸足状態で逃げなければならない状況にさらされる。これを自己責任とするのは間違っているし，精神的・経済的に頼れる存在がいる人とはスタートライン自体が違うので，安易な比較など許されないだろう。

私は沖縄を訪れた経験もなく，この本に書かれていることが地域に限ったことなのか判断できない。しかし，6 人の人生と，それを書き記さなければならないと決意した著者の心から目を背けてはならないと強く感じるのだ。

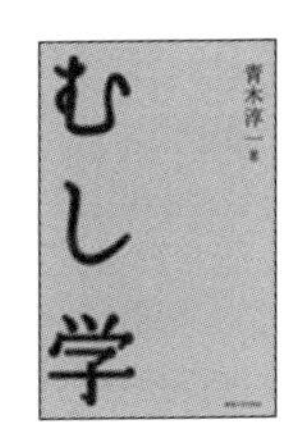

むし学

青木淳一著　東海大学出版会　2011　¥2,800（税別）

山本輝子
埼玉県立久喜図書館

ジャポニカ学習帳の表紙から虫が消えた。虫は不潔で気持ち悪い，昆虫採集は環境破壊だ，反対だという意見もあるそうだ。そんななか「なんといわれようと，私は昆虫採集を子供にも，大人にも勧める」（p.74）と言い切る，ダニ研究の第一人者が著した「むし学」への愛とユーモア溢れる1冊を紹介する。

本書は，虫の研究に興味のある人に向けた「むし学」入門書である。虫とは何かを漢字を絡めてわかりやすく説明することに始まり，虫の生態，人間と虫の関わりなど，広い視点で，昆虫以外も含めた「虫」について説明している。新種の和名に命名者の名を付けると顰蹙を買うので，恩師の名前から「ヤマサキオニダニ」と付けたら鬼とは何かとこれまた顰蹙だった，などという虫嫌いにも面白い話題が満載だ。また実用に際した知識が多く，昆虫採集時の持ち物や方法についても詳しく説明している。失敗を織り交ぜて語る経験談は，直接教えを受けているようで親しみやすい。

本書からは，虫を愛し研究を楽しむ著者の熱意と活力が伝わってくる。「○○学部に入って，○○をテーマにしたほうが，将来良い職業にありつけ，楽ができるだろうなどという考えは捨てたまえ。どんなに良い境遇にあっても，仕事を嫌々やっていたのでは，芽が出るはずがない。」（p.112-113）人生は一度きり，やりたいことをやるべきだ，というありふれた言葉も，言行一致の著者が言うからこそ素直に受け止められる。

表紙は明るい黄色一色の地に，「むし学」とタイトルがあるのみ。シンプルな表装は，虫に興味がない方も気軽に手に取りやすいはず。読めば思わずクスリとしてしまうこと請け合いだ。

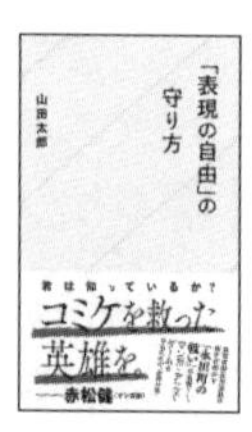

「表現の自由」の守り方

山田太郎著　星海社発行　講談社発売　2016　¥840（税別）

小野　桂
神奈川県立川崎図書館

まず表題が目にとまった。

「表現の自由」は知る権利と一体のものと言うけれど，自由を守らなければならない「表現」とは何か，あまり考えたことがなかった。図書館に勤める者としては知っておくべき？　と思ったのだ。

本書の第一章で取り上げられているのは，児童ポルノ禁止法（児童買春，児童ポルノに係る行為等の規制及び処罰並びに児童の保護等に関する法律）とアニメ・マンガ・ゲームの規制。以下，TPP（環太平洋パートナーシップ）協定と著作権，有害図書と軽減税率などが話題となっている。

もちろん，どのような表現が規制の対象とされようとしているのかという部分も勉強になったが，国会でどのようにやり取りして法律の条文を決めていくのかという過程も，とても興味深かった。

ところで,「表現の自由／知る権利」を守ろうとする物語としてすぐに思い浮かぶのは，『図書館戦争』（有川浩著　メディアワークス　2006）ではないだろうか。知る権利を保障する“図書館の自由”を守るために，実力行使も辞さない世界の話だ。本書にはほかに，『有害都市』（上・下　筒井哲也著　集英社　2015）と『下ネタという概念が存在しない退屈な世界』（全11巻　赤城大空著　小学館　2012〜2016）も，同テーマの作品として紹介されていた。

『図書館戦争』と「下ネタ」なんて言葉がつく作品が同列？　と思うかもしれない。だが『下ネタという概念が存在しない退屈な世界』という作品も，思ったことや感じたことを自由に表現することが，いかにその人の生きる根幹にかかわっているかを描いたものであり，「表現の自由／知る権利」のために戦うという点では前者と変わりない。――はずなのだが，わたしの身近な図書館はどこも後者を所蔵していなかった。いろいろなことを考えることになった。

イラストで見る 昭和の消えた仕事図鑑

澤宮優著　平野恵理子イラスト　原書房　2016　¥2,200（税別）

横山みどり
越谷市立図書館

ノスタルジックな仕事のイラストが，表紙に多数描かれている。電話交換手や氷屋などはすぐに見当がつくが，精かんな顔立ちに見える鳩は，どのような職種に携わっていたのだろうか。

鳩のたたずまいに心惹かれ，ページをめくると「情報通信」の項に新聞社伝書鳩係の記述を見つけた。関東大震災をきっかけに，各新聞社は独自に伝書鳩を飼育し，地方からの記事を集めた。仙台―東京間の場合，約300kmを4時間40分で戻り，重大スクープを運んだ鳩には，社長賞が授与されたという。電送などの通信手段の発達によって，昭和30年代半ばには出番がなくなり，電波が飛び交うように行き交っていた伝書鳩たちも，技術の発展に伴い徐々に仕事を失っていった。

私が子どものころは，近所に養鶏場や牛舎があって温かな卵のぬくもりを感じ，搾りたての牛乳を飲ませてもらっていたが，生業のパートナーとしての動物たちは，都市部から放逐されつつある。動物と人間の関係性についても考えさせられた。

本書は，産業分類ごとに115種類もの仕事が図鑑形式でまとめられている。バスガール，文選工，毒消し売り，活動弁士，紙芝居屋，のぞきからくり，幇間，代書屋など見開きの解説とイラストは仕事の内容を理解するうえでとてもわかりやすい。ここに紹介されている失われた仕事に就いていた人たちは，みんな懸命に働いていた。今日を生きるため，とにかく働く。読んでいるうちに，職業紹介にとどまる内容ではないことが伝わってきた。昭和という時代，高度経済成長，人々の活力，過去から現在，未来へと考えが及ぶ。はたして今日ある仕事は，いかなる変遷をたどるのであろうか。

同著者の『昭和の仕事』（弦書房　2010）は，ある放浪詩人の職業遍歴など約140種類の仕事を紹介しており，こちらもあわせておすすめしたい。

生物に学ぶイノベーション

進化38億年の超技術

赤池学著　NHK出版（NHK出版新書）　2014　¥740（税別）

岸　広至
飯能市教育委員会

38億年にわたる進化の中で，生物たちは生き延びるためそれぞれに技術を身につけている。

生物模倣技術ならびに生物規範工学という学問は，人間が築き上げてきたのとは成り立ちの違う技術，生物たちの超技術を学ぶことで新たなイノベーションを起こすものである。この本では，この生物から着想を得たさまざまな研究・技術が紹介されている。

「生物の形をまねる」,「生物の仕組みを利用する」,「生物がつくったものを活用する」,「生物そのものを扱う」,「生態系に寄り添う」という五つのカテゴリーで章立てがされている。この章立てにより，生物規範工学が，サメ肌水着やヘビの動きをヒントにした災害時用ロボットなどの形状・機能の模倣だけでなく，ガの生態的特徴から学んだ制がん剤や，シロアリやミドリムシから新たなエネルギーを生み出す研究へと広がり，最後には生態系にまで及ぶ分野であることがわかる。

この生態系の話では「バイオスフィア2」という箱庭のような人工生態系計画の失敗にも触れている。その中では今後の科学技術が技術革新についてだけでなく，循環や共生といった自然がもともと持っている調和にも目を向ける必要があることまで書かれている。新たな技術への期待と近代科学への警鐘の双方が書かれていることが興味深い。また，実用段階に届いていない研究も紹介されており，人間の技術がまだ追いつかないこの分野の深さも感じられる。

生物たちを見ることでこれまで気が付かなかった新しい技術につながる様子が書かれており，さまざまな問題に対する新たな着想も多数示されている。生物学分野に興味のない方にも，物事を解決する際に，見る角度を変えることや他の分野を知ることの重要性を確認させてくれる1冊である。

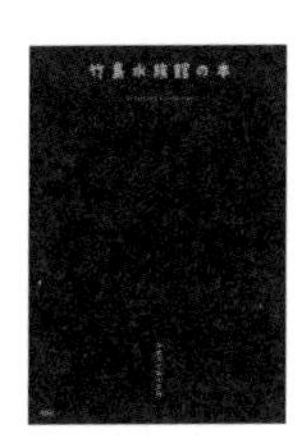

竹島水族館の本

蒲郡市竹島水族館著　風媒社　2016　¥1,300（税別）

高田高史
神奈川県立川崎図書館

数年前，小さなライブ会場で，あるミュージシャンが愛知県蒲郡市にある竹島水族館のホームページを絶賛していた。帰宅してホームページを見てみると，弱小貧乏水族館であることを半ば自虐的にアピールしていたり，スタッフがあれやこれやとチャレンジするコーナーがあったりで，笑ってしまうのと同時に，努力や工夫に感心させられた（当時のホームページは現在より手作り感のあるデザインだった記憶がある）。

その竹島水族館の本が出た。詳しく知りたくなり手に取った。本の前半は「竹島水族館　深海生物図鑑」，後半はスタッフの活動の記録という構成だ。私は後半に興味があったのだが，日本一の展示種数を誇るという深海生物の図鑑は，竹島水族館流の小ネタが満載で，本書を見ながら実際に観察してみたくなるものだった。

後半は密度が濃い。ユーモアにあふれた「伝統引き継ぐアシカショー」，運営や日常の仕事を伝える「人気の秘密ここにあり！」，催事や企画を紹介した「こんな楽しみ方はいかが？」の各章，そして多数のコラムが載っている。

例えば，水族館の「バックヤードツアー」は，当日の朝，くじで担当者を決めているそうだ。それぞれ得意分野も興味も違うので，話す内容はまちまちになる。他のスタッフに負けまいと，ネタを仕込んだり，知識をつけなくてはならない。結果「全員分を聞き比べるのがオススメ」となる。

また，スタッフには「お小遣い制度」もある。ベテランも若手も一定のお小遣いを与えられ，使い道は自由だそうだ。多数の魚を買っても，高級魚を1匹だけ買っても，ある季節に集中的に使うこともできる。この方法，図書館で選書の一部として導入してみても面白いかもしれない。

他分野の本を読んで，図書館の業務のヒントを見つけていくのは楽しい。

秘島図鑑

清水浩史著　河出書房新社　2015　¥1,600（税別）

松本和代
菊陽町図書館（熊本県）

この本の帯には「本邦初の“行けない島”ガイドブック」とある。

目次を見ると，これまで『Shimadas　日本の島ガイド　第2版』（日本離島センター編　日本離島センター　2004）など日本の島について書かれた本の中でもそれほど詳細に表記されてこなかった無人島などが紹介されている。

島国である日本には，6,800もの島々がある。この本には，一般の公共交通機関がなかったり，住民がいない“秘島”について，面積等のデータだけでなくアクセス方法，島の歴史，写真，地図まで書かれている。さらに，島の説明だけではなく，どうしたら“秘島”を身近に感じることができるか実践編まで書いてある。

東京都の硫黄島（p.58）は，太平洋戦争末期に住民が強制疎開させられ，映画『硫黄島からの手紙』で多くの人が知ることとなった島である。激戦の地となったこの島にはいまだに元住民は帰島できないが，自衛隊や施設工事関係者など400人も駐在していることは知られていないだろう。

行けない島のことを知って何になるんだと思う方もいるかもしれない。しかし，絶海の孤島は，気象観測地でもあり，国境，軍事面での要所なのだ。硫黄島のように戦争の惨禍に見舞われた島，西之島（p.54）のように現在も度重なる噴火活動で拡大し続け，地球が生きていることを実感させる島，臥蛇島（p.74）や八丈小島（p.78）など高度経済成長に取り残され，過疎化が進み無人にならざるを得なかった島々の現実を知ることは重要である。

四方を海に囲まれている島国ならではの，日本が抱えているさまざまな問題について，考えさせられる1冊である。

コバルト文庫で辿る少女小説変遷史

嵯峨景子著　彩流社　2016　¥1,800（税別）

三富清香
新潟県立図書館

人はいつ，少女ではなくなるのだろうか。

少女小説と呼ばれるジャンルの歴史は古く，明治期までさかのぼる。アカデミズムの世界では周縁的な小説群とされがちだが，近年も研究書が刊行されるなど，少女小説研究は定着しつつある。

集英社のコバルト文庫を中心に戦後半世紀を総括する本書は，雑誌，文庫，現在のソーシャルメディアに至るまで，異なる発表媒体を網羅しながら個々の作品に触れ，読者共同体の変容にまで言及している点が新しい。

本書の出版後，著者あてにかつて少女小説を愛読していた読者たちからの熱意あふれる感想が寄せられたという。私自身もまた本書を読みながら，思春期に寝食を忘れて読みふけった少女小説の記憶が懐かしさとともに細部までよみがえった。少女期に愛し，成長の過程とともに自然と遠ざかりながらも，私もまたあのころのみずみずしい感性を忘れていなかったのだと思い知った。

時代の空気を敏感に察知しながら，目まぐるしくうつろう少女小説の変遷を一歩ずつたどりながら，著者は少女小説を貫くものを「居場所」と位置づける。現実の困難を乗り切るためにそこにあり続けてきた，切実かつ親密な居場所は，少女が少女でなくなったとしても，読者の心にあり続ける。

かように少女小説とは，児童サービス，YA サービスの観点からも重要でありながら，読者にとって旬が短く新作が次々と刊行されるなど評価が定まりにくいことなどから，図書館員にとっては悩ましい作品群であると言える。戦後少女小説の通史を概観し，作品名とその評価を把握できる点でも，ありがたい労作である。

桜がなくなる日　生物の絶滅と多様性を考える

岩槻邦男著　平凡社　2013　¥760（税別）

大塚敏高
元神奈川県立図書館

この本をなぜ手に取ったかというと，やはりタイトルである。「えっ！桜がなくなっちゃうの？」思わずそう考えた。タイトルは，十分にキャッチーで，読んでみたくなる。そうした動機から，まず本と出会うというのは悪いことではないと思う。

しかし，この本は，決して「桜がなくなること」を主題としたものではない。「はじめに」を読むとそのことはすぐにわかる。「…分かりやすく日本列島の植物の動態を概観することで，問題の本質について考えるきっかけを提供してみたい。」（p.11）というのだ。「桜」の話題は，全体の5分の1くらいと言ってもよい。

最初に，秋の七草に数えられているフジバカマとキキョウが，絶滅危惧種のリストに載っていると伝えられる。万葉集の頃から親しまれていた植物がなぜそうなってしまうのか，解説はわかりやすい。これに続いて，「生物多様性」について力を注いで書いている。難解な「生物多様性」という言葉の意味を述べたあと，「生物多様性がもたらしてきたもの」について遺伝子資源と環境問題を背景に説明を加える。しかし，それだけでなく「生物多様性」は，自然と接することによる「人の生き方」に関連している点も多いと力説している。

ここまで読み進めると「生物多様性」の重要度を伝えることが，この本の最大の目的だということがより鮮明になる。「桜」はそのひとつの材料なのだ。まだ日本の自生種のサクラには絶滅危惧種はないが，未来にわたってそう言えるのか，「サクラの現状だけから想定するのは危険」（p.161）と言う。またこうも言う。「一種でも生存が危うい種があるならば，それは生物圏全体に危機が及んでいることになる。」（p.161）

著者は植物の多様性についての研究の第一人者。専門的な著作も多いが，新書判のこの本には，幅広い知識に裏付けされた「科学エッセイ」の趣がある。その中に重みのある提言が随所に見える。

健康で文化的な最低限度の生活（1）

柏木ハルコ著　小学館　2014　¥552（税別）

大林正智
田原市図書館

自己責任という名の妖怪が徘徊している。その妖怪の名のもとに，憲法で認められた権利さえ蔑ろにし，蹂躙しかねない言論が横行する。言論を取り扱う図書館としても，注目しておくべき現象ではないだろうか。

さて，生活保護も妖怪がやり玉に上げる対象のひとつだ。本書は新人ケースワーカーの視点から，生活保護に関わる人間を描くマンガである。110 世帯を担当する主人公が受給者に接して感じる困惑は，そのまま読者の困惑になる。「生活保護受給者」という概念ではなく，リアルな人間ひとりひとりと向かい合うことから来る困惑である。

巷間ナイーブに語られがちな「不正受給」について（2 巻で）取り上げるが，その言葉から思い浮かぶイメージと，ここでのエピソードとのギャップに虚を突かれる。人が「不正」を働くというのはどういうことなのか，なぜそれが起こりうるのか，想像できないと理解は単純な方向に傾く。人と接する仕事に従事する者にとって，想像力がいかに重要であるかを再認識させられた。

また，いくつかのエピソードで，経済的困窮が「適切な情報があれば避けることができたもの」として描かれる（法テラスによる債務整理など）。情報提供機関である図書館としては看過できないところだ。「図書館に来てくれていれば，その情報に触れていてくれれば」とも感じるし，情報提供のための準備はできているだろうか，と自問もすることになる。そもそも生活保護受給者にとって図書館が利用しやすいものになっているだろうか，その視野に入っているだろうか，と。

生活保護が経済のセーフティーネットだとすれば，図書館は知のセーフティーネットで（も）ある。その役割は「人を守る」ことにある，と自覚しておきたい。本書がそのネットの素材の一部たり得ることを確信している。

地方創生大全

木下斉著　東洋経済新報社　2016　¥1,500（税別）

砂生絵里奈
鶴ヶ島市教育委員会

現在，ありとあらゆる地域で，地方創生の名を謳って補助金を使った事業が行われているが，そのうち本当の意味で成功したところはどれほどあるのだろうか？

この本は，地方創生という名に踊らされ，安易に補助金に頼ろうとする地方自治体に向け，警鐘を鳴らしている。

失敗事例として，財政破綻をきたし，二人もの首長が引責辞任せざるを得なかった青森県青森市の「アウガ」が取り上げられている。私も昨年「アウガ」を訪れたが，その衰退ぶりには心が痛んだ。これは，地方が補助金に依存し，「身の丈に合わない一過性の莫大な予算」で華美な建築物をつくったものの，思うようにテナント料が入らず，維持費もかさんで赤字経営に陥ってしまったことが原因であった。ここまではいかないにしても，損失補てんに税金を投入し，逆に損失を雪ダルマ式に増やしてしまっている地方の事業は多そうだ。

逆に成功事例には岩手県紫波町の「紫波マルシェ」があげられる。ここは補助金に頼らず，市中銀行からの借り入れで施設を整備し，農産物を卸してくれる農家を事前に募集し，出店料により運営している。全体の事業計画から逆算して，低い建築費に抑えたことや，テナント収入が安定して見込めるため，立派に黒字運営されている。

地域の活性化は「おカネがないからできない」のではなく，「知恵がないからできない」のである。

「紫波マルシェ」が入っている官民複合施設「オガールプラザ」には，ユニークな運営で知られる紫波町図書館も併設されているので，ぜひ一度足を運んでいただきたい。

『町の未来をこの手でつくる　紫波町オガールプロジェクト』（猪谷千香著　幻冬舎　2016）と合わせて読むことをおすすめしたい。

移民の宴

日本に移り住んだ外国人の不思議な食生活

高野秀行著　講談社　2012　¥1,600（税別）

宮﨑　聡

神奈川県立横須賀明光高等学校図書館

日本のはずなのに，「『どこでもドア』のように，一瞬で外国に行ってしまう」（p.19）ように思える，国内のさまざまな外国人コミュニティ。文化，人生観，人々のつながりなど，異文化に触れる見聞記は面白い。

200万人にも及ぶ，日本に移り住んできた外国人について，「私たち一般の日本人は，意外なほどそういう外国人の『ふつうの姿』を知らない」（p.19）と述べる著者は，飲食を媒介として，外国人個人と，その人が属するコミュニティの姿を，かた苦しくなく探る。アジア，アフリカを多く旅し，ユニークな視点でルポを残す著者だが，それでも取材ではさまざまな発見もある。

本書では，タイ，イラン，フィリピン，フランス，中国，ブラジル，ロシア，スーダンの人々・コミュニティが登場する。「寒くて，気持ちいいです」（p.42）と発言するタイ人。大地震被災時でさえも「明るくしていなければかっこうわるい」（p.123）と思う（？）フィリピン女性。そんな人々のふるまい，日本への反応が，豊富につづられる。

おりしも雑誌連載時に3.11（東日本大震災）に見舞われ，今度は外国人たちが，どんな被災生活を送ったのかの取材に変わる。取材相手をみつけ，支援を兼ねて食材も持ち各所を訪問していく中で，「炊出しをおこなう外国人に圧倒的に南アジアの人が多いのはカレーと関係があるのではないか」（p.93）という食文化上の想像も働かせる。

長く高校勤めをしてきた私だが，図書館を通してでも，以前に比べ外国につながる生徒との接点が増えたと感じる。価値観や文化の違いに直面する機会もあった。個人との日常のやりとりだけではわからない，彼らの背景を多少なりとも知ることができればと思ったときに出会った1冊である。

読んでいない本について堂々と語る方法

ピエール・バイヤール著　大浦康介訳

筑摩書房（ちくま学芸文庫）　2016　¥950（税別）

乙骨敏夫

元埼玉県立熊谷図書館

一冊の本について語るのに最後まで読む必要はない。むしろ全部読まないほうがいい。そんな「えっ!?」と驚くようなことを真剣に，ときにユーモアを交えて論じた本である。

読まない意義を論じる際，引き合いに出されるのはムージルの長編小説『特性のない男』に登場する司書である。この司書は目録以外，図書館にある本を読もうとしない。本に無関心なのではなく，よりよく知りたいから読まないのである。個々の本に深入りして膨大な書物の海でおぼれないようにするには，全体の見晴らしこそが重要である。著者はこの司書の態度を肯定する。

本を読まないことに意義があるとしても，読んでもいない本について語ることなどできるのだろうか？ 決して珍しいことではないという。わたしたちが普段何かの本を話題にするとき，そこで語られるのは記憶の中にある書物の断片に過ぎず，正確な内容などほとんど関係ないからだ。

日常会話だけではない。本の批評も同じである。オスカー・ワイルドは，ある本について知るには10分もあれば用が足りる，それ以上読むのは批評の妨げになるとまで言い切っている。

タイトルから想像されるような実用書と違い，本文中には本業の精神分析家らしい難解な概念も登場する。それでも小説を中心とした豊富な実例のおかげで，よく読めば基本的な考え方は理解できる構成になっている。紹介する本を著者自身が読んだかどうかを記号で示した注も面白い（訳者は解説で，やりすぎではと言っているが）。

2008年に筑摩書房から出た単行本を文庫化したもの。同じく文庫で出ている『本を読む本』（M.J.アドラーほか著　講談社学術文庫　1997）とは対極の位置にある本と言える。二冊いっしょに読んだりするとめまいを起こしそうな気もするが，挑戦する価値はあるだろう。

洲崎球場のポール際

プロ野球の「聖地」に輝いた一瞬の光

森田創著　講談社　2014　¥1,500（税別）

仲　明彦
京都府立洛北高等学校

2017年はプロ野球草創期に東京巨人軍で活躍した伝説の大投手・沢村栄治の生誕100年となる。2015年，初めて沢村投手の試合中の投球映像が発見され，NHK番組でも紹介された。1936年12月11日洲崎（すさき）球場での東京巨人軍対大阪タイガース，第二回全日本野球選手権優勝決定試合のダイジェスト映像である。この映像を発掘したのが本書の著者森田創氏である。

洲崎球場？ と思われた方も多いだろう。プロ野球リーグが誕生した1936年，現在の東京都江東区新砂に建てられたプロ野球専用球場で，初の日本シリーズといわれる先の優勝決定戦など多くの名勝負が行われながら，1938年6月の公式戦を最後にいつしか消えていった伝説の球場である。

本書は「球場の仕様，規模，収容人数，解体時期など，あらゆることが謎に包まれた球場」の「謎を解明したい」(p.6) という動機から，著者自身が「地球上にある資料はすべて読破した」と豪語する程に積み重ねた調査の集大成である。そこから描き出される，往時の選手たちのプレーや息づかいに，野球ファンなら必ず胸が躍るはずである。

しかし本書は決して野球のマニア本ではない。風向き一つで左右されるポール際の打球。同様に洲崎球場のポール際にも「あらゆる運命をもてあそぶ，時代の風が吹いていた」(p.7)。戦争の足音である。洲崎球場で白球を追った選手たちも次々と出征，帰らぬ人となった選手も数多い。沢村栄治もその一人。もちろん生をまっとうした選手も時代に翻弄された。本書ではその一人ひとりの選手の足跡を丹念に追うことによって，たんに野球に収まらず,「時代の風」を伝える上質のスポーツノンフィクションとなっている。

本書は2015年度ミズノスポーツライター賞最優秀賞を受賞しているが，著者曰く「本は売れなかった」らしい。ぜひ図書館に一冊をと願う。

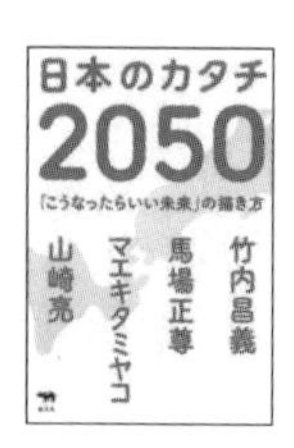

日本のカタチ 2050
「こうなったらいい未来」の描き方

竹内昌義，馬場正尊，マエキタミヤコ，山崎亮著
晶文社　2014　¥1,500（税別）

廣嶋由紀子
八郎潟町立図書館（秋田県）

この本は，今注目の4人の研究者たちが，その専門性と独自の視点や論点から日本の未来のカタチを書き記したものである。人間に必要なコミュニティの育て方や関わり方（山崎），未来を想像させる風景⇒生き方（馬場），エネルギー自給を含めた効率的な住まい方（竹内），そして，生きるための権利と政治への向き合い方（マエキタ）について，それぞれが各章で記し，私たちがより豊かな未来を生きるためのヒントとなるさまざまな取り組みや事例を挙げている。また，未来を考える上で必要な統計データや著者おすすめの本も書影で紹介している。

当初この本は，4人が2010年から4回シリーズで開催していたシンポジウムを編纂して出版する予定であった。しかし，シンポジウム最終回開催の1か月前にあの3.11（東日本大震災）が発生した。「その瞬間から，これまでの議論が一気にリアリティーを持って押し寄せた」（p.181）と感じた4人は，大震災発生から半年後には，シンポジウムの続編となる座談会を2回にわたり開催し，この本の最終章として掲載したのである。そして，ここに4人の切実なる思いが込められたことは容易に想像できる。

4人を代表して馬場が「震災は，未来を私たちに突きつけたのかもしれない」（p.228）と最後に語っていることからも，この本は未来に向けた強い危機感によって編み出されたと言っても過言ではない。繁栄を築き上げたにもかかわらず日本は何を失ってしまったのか，そして，ここから未来につなげるために何が必要となってくるのか。さらなる向こうの豊かな未来を創造するために，まずは自分事として社会のしくみを見つめなおしてみたくなる，そんな一冊である。

装幀：中村聡

戦地の図書館　海を越えた一億四千万冊

モリー・グプティル・マニング著　松尾恭子訳
東京創元社　2016　¥2,500（税別）

山成亜樹子
神奈川県立図書館

蛸壺壕の中で，一人の兵士が夢中で本を読んでいる写真。枯草と泥にまみれた兵士は，苛烈で陰惨な現実に身を置きながらも，表情は生気に満ち，真剣そのものだ。私はしばらく，表紙を飾るこの写真から目を離すことが出来なかった。

1933年5月10日，ベルリンでは「書物大虐殺」と呼ばれる焚書が行われた。アドルフ・ヒトラーが，自己の思想信条に沿った国家を作り上げるための計画の一つで，大々的なプロパガンダ攻勢を仕掛けて他国を侵攻し，有害と考える図書を処分するというものであった。本書によると，東ヨーロッパの図書館のうち，957館の蔵書はヒトラーの命によって焼き尽くされたという。

一方アメリカでは，ドイツによるプロパガンダ作戦に対抗する組織が立ち上がった。その一つがアメリカ図書館協会である。「ヒトラーが焚書によって言葉を抹殺するつもりなら，図書館員は読書を促す」として，「思想戦における最強の武器と防具は本である」というスローガンを掲げた。

その具体策として，「戦勝図書運動」を立ち上げ，全国から寄贈された本を戦地に届けた。

出版社は廉価な「兵隊文庫」を生み出し，1947年9月までに1億4000万冊の本を戦場へ届けた。

前線の兵士は，食糧の包みに貼られたラベルの表示をも，むさぼるように読むほど活字に飢えていた。そして「どんな状況に置かれていても，ユーモアのある作品を読めば，笑うことができた」という兵士の言葉から，いかに本が希望と救いを与える存在であったかが伝わってくる。

1942年，国務次官補，アドルフ・A・バール・ジュニアは「本と関わりのある人は皆…本が真価を発揮できるように心を砕くべきです」と述べた。

本の力を信じている私も，本の真価を一層発揮させるには何ができるだろうか。あらためて襟を正さずにはいられなくなった。

似ている英語

おかべたかし文　やまでたかし写真
東京書籍　2015　¥1,300（税別）

笠川昭治
神奈川県立湘南高等学校図書館

日本で暮らしている私たちにとって，外国語の使い分けというのは難しいものだ。それは長い間学んできている英語であっても同じこと。例えば「little」と「small」。どちらも「小さい」という意味を持つが，それらはどう使い分ければ良いのだろう？　それとも同じ意味なのだから，気にせず好きな方を使ってもかまわないのだろうか。もちろん，答えは「否」である。日本語にすると「同じ意味」の言葉にも，明確な違いがある。それを，きちんと説明してくれるのが本書である。

見た目は15×20cmのコンパクトな絵本のよう。そこに，見開きで2枚の写真が並べられていて，それぞれ該当する英単語が添えられている。間違い探しのように2枚の写真を見比べた後にページをめくると，示された二つの言葉の「どこが違うのか」を丁寧に説明してくれる。さらに言葉や写真に関する「うんちく」も添えられていて，最後まで楽しく読み進めることができる。

ただ，こうした贅沢な作りの本なので，解説されている言葉は38組と少なく，語学の本としては多少物足りない部分はある。それでも「同じ意味」を持つ言葉の違いを考える中で，日本と英米の考え方や文化の違いが垣間見えて非常に興味深い。また，対象となる言葉はアルファベット順に並べられているので，目次などを見て気になったところから読んでいけるのも気楽で楽しい。

なお，本書は先に出版された『似ていることば』（2014）の姉妹編。私たちになじみ深い日本語の，「同じ読みでありながら異なる意味をもつことば」や「サンデーとパフェ」のように「違いがよくわからないとされるもの」を同様に4ページでわかりやすく解説している。「英語より，まずはなじみ深い日本語で！」という人にはこちらもお薦めだ。

いまモリッシーを聴くということ

ブレイディみかこ著　P ヴァイン　2017　¥2,100（税別）

久保田崇子
埼玉県立熊谷図書館

本書はイギリスのバンド「ザ・スミス」の 1984 年の 1st アルバムから，バンドのヴォーカルだったモリッシーの 2014 年のソロ最近作までを追ったディスクガイドであり，同時に 80 年代以降のイギリスの時勢をとらえた社会書でもある。

モリッシーとはどんな存在か，というのは序章の一節からよくわかる。「モテと非モテ，リア充とオタク，人間と動物，クールとアンクール，ノーマルとアブノーマル，金持ちと貧乏人。これらの対立軸で，モリッシーは常に後者の側に立っていた。」（p.10）彼の活動を追うことで，その時々のイギリス社会の雰囲気をつかむことができる一冊だ。

また，ブライトンに住み現地の空気を肌で感じている著者の筆致が，イギリスを取り巻く状況をよりリアルに伝えてくれる。

かつては一般的だった “Would you like a cup of tea?” というもてなしの言葉は，著者が勤めていた保育園では禁止されていたという。日本ではまだイギリス＝紅茶のイメージが強いが，今では外国人やコーヒーを好むミドルクラスなど各家庭の多様性を尊重するため，「紅茶」に限って勧めてはならないのだそうだ。一方で，コーヒーメーカーも買えない労働者階級の人々は今も一日中紅茶を飲んでいる。「英国的なもの」が時代に取り残されていく寂寥感が，モリッシーの楽曲 “Everyday Is Like Sunday” の詩のやるせなさと相まって語られる印象深いエピソードである。

英題は “MORRISSEY-GOOD TIMES FOR A CHANGE”。モリッシーの詩の 1 フレーズから取られたものだが，本書はまさに変化の時を迎えているイギリスの現状を理解する一助となるだろう。政治とポップ・カルチャー，どちらにも関心がある人も，どちらか一方にしかない人も，ぜひ手に取ってみてほしい。

日本の手仕事をつなぐ旅　うつわ①

久野恵一と民藝の 45 年

久野恵一著　グラフィック社　2016　¥2,400（税別）

手塚美希
紫波町図書館（岩手県）

「民藝」や創始者である柳宗悦の名は知っていても，久野恵一や手仕事フォーラムの活動を知る人はそう多くないだろう。本書は，著者の没後に刊行された『日本の手仕事をつなぐ旅』シリーズの 1 巻だ。

学生時代，宮本常一の民俗調査の旅に同行，民藝と出会い，柳宗悦に直接師事した鈴木繁男らの教えを受け，日本民藝館で実践を積む。やがて日本民藝協会役員の地位を捨て，思いを共にする仲間と手仕事文化の継承をめざし「手仕事フォーラム」を設立。1 年の大半を日本各地の作り手の指導，手仕事普及のため，車で奔走し続けた。

本巻は，沖縄，鹿児島，熊本，福岡，大分の五つのやきものの産地のつくり手と，新作民藝品づくりのエピソードが中心となっている。

継ぐ者がなく手仕事が次々と消えゆく今，各地域でどのような背景で道具が生まれ，現在どんな人が作っているのか，見るべき点はどこか，名伯楽であった著者のアドバイスでどのように器が変化したか，写真付きで紹介する。

ほぼ著者が執筆・監修を行った『残したい日本の手仕事』（枻出版社 2016），『民藝の教科書』シリーズ（グラフィック社　2014）からも，本書同様，柳の精神を受け継いだ手仕事の数々を知ることができる。著者は「現代の目利き」として唯一無二の存在であったが，こうした出版物から学ぶことができるのは幸せだ。

優れた手仕事とは，作家性を追求するものでも，芸術品として愛でられるものでもなく，道具として暮らしの中で使われ，毎日を豊かな気持ちで満たすものだと本書は教えてくれる。同時に，使い手である私たちに良いものを見る目が備わり，買い支えることで初めて残っていくものなのだということも。「素晴らしい手仕事の国」を引き継ぐのは私たちなのだ。

正社員消滅

竹信三恵子著　朝日新聞出版　2017　¥760（税別）

森谷芳浩
神奈川県立川崎図書館

図書館で働く者にとって，この新書のタイトルに含まれる「消滅」という言葉のインパクトは，どれほど伝わるだろうか。図書館では，いわゆる非正規の雇用は身近にある，普通の風景となっているからだ。だが，見慣れた風景も，変わることなく存在していたわけではない。どうして正規，非正規と区別される事態が生じたのか。本書は，日本の雇用をめぐる風景の変容を辿り，その行方を探っていく。

著者は新聞記者として，30年以上労働問題に関わってきた。今は大学で教えながら，正社員となるため必死に就職活動をする学生たちの声を聞く。そして，数多く取材してきた名ばかりともいえる正社員のケースを思い起こす。そこで生まれた実感が，二つの正社員消滅だ。ひとつは，非正社員数の増加によるもの。もうひとつは正社員であることが，安心して働けることではなくなったという意味での正社員消滅。この二つの「消滅」にわれわれは直面しているのではないか，と問いかけて本書ははじまる。

単なる憶測ではない。続く章で，正社員が大幅に減少した職場や，より過酷な働き方を強いられる正社員の事例を多数紹介する。さらに，正社員，非正社員という区分が生み出された背景や政策，いま政府が進めている「働き方改革」のねらいなどを描き出す。研究者の論文や関係者の証言を丹念に追いかけ検証し，本質を浮かび上がらせる叙述には，誰もが納得できるだろう。

冒頭で「消滅」という言葉のインパクトが伝わるかどうかと書いたが，著者によれば，無関心こそが危うい。「他の働き手の労働条件悪化を放置すると，いつかは自らの働き方の劣化を招き寄せる。」（p.226）雇用をめぐる風景は，今後，より多様で複雑なものになりそうだ。本書は，働くことの意味を深く考えるきっかけにもなるだろう。

われらの子ども　米国における機会格差の拡大

ロバート・D・パットナム著　柴内康文訳
創元社　2017　¥3,700（税別）

戸田久美子
同志社国際中学校・高等学校コミュニケーションセンター

日本の子どもの貧困率（2015年調査）が，13.9%に改善されたという報道があった。進学，食事，日常生活の物資など，子どもたちが苦しんでいる現状を，社会は少しずつ理解して支援の方法を模索している。今後この問題に対してわたしたちは「何をすべきか」，本書がその指針を与えてくれる。

『孤独なボウリング』（柏書房　2006）でアメリカの社会関係資本の衰退を分析した著者が，今度は経済格差が子どもたちの機会格差を生むことを，実例を示しながら解き明かしてくれた。恵まれた子どもと貧困下にある子どものライフストーリーが対比的に紹介され，多様なデータと図表の分析も加えられたことで，興味深い内容となっている。

著者の故郷であるオハイオ州ポートクリントンでは，半世紀前の子どもたちには経済格差を自らの能力で乗り越える機会があった。しかし2010年代に入ると，経済格差はそのまま機会格差につながるようになった。この，時代の変遷の中で機会の不平等が生み出されていく様子は，アメリカ全土だけではなく，日本にも通じるものを感じる。

そして本書は，「貧富の格差」が，家族（2章），育児（3章），学校教育（4章），地域コミュニティ（5章）といった要因に合わさることで，「子どもたちの成長過程を大きくかけ離れたものにする」（p.319）ことを説明する。この問題への「単純で即時的な解決策はない」（p.290）ことは，全米各地の若者とその親たちの証言例からわかる。

日本の大人も子どもたちも，「ほとんどは同じような苦境に直面することはない」（p.258）。しかし，だからこそ，苦境下の子どもたちを「われらの子ども」のひとりとして考え，彼らが将来の希望を持てる公平な機会を保障することは，日本においても必要である。図書館はそのための機関である。

著者は，共に感じ考えることを呼びかけている。

知識ゼロからの天気予報学入門

天達武史監修　幻冬舎　2010　¥1,300（税別）

星野　盾
沼田市立図書館

朝は天気を気にして出勤する。雨が降るなら傘が必要となる。暑ければ涼しい服を選ぶ。あまり雪が降らない地域に雪が降れば，公共交通が止まりパニックとなる。局地的な豪雨は水害リスクを高め，自分で判断して避難しなければ危険である。天気は身近で生死に関わる重要な問題である。

毎日見ている天気予報だが，使われている言葉の意味を本当に知っているかと言われれば，知っているつもりになっているのは，私だけではないだろう。普段から聞いている言葉だけに，いまさら人に尋ねるのは恥ずかしく，答えを教えてくれる人も周囲にはいなそうである。

例えば，天気予報の「数日」という言葉。『日本国語大辞典』（JapanKnowledge Personal　2017.09.09 採録）には，「数個」について，「三～四個，五～六個ぐらいの個数をばくぜんという語」と記されている。3 と 6 では倍なので釈然としない。それでも，この本を読めば，天気予報の「数日」が，今日を含めた 4～5 日を指すことがわかる。その他にも，「しばらく」は 2～3 日以上で 1 週間以内の期間を指し，「明け方」は午前 3 時から午前 6 時までの時間帯を指すそうである。天気予報で使う言葉は，混乱しないように，きちんと定義されているのである。

この本の内容は，気象予報士の試験を受けるには，少し物足りないかもしれない。しかし，天気予報を理解するには十分である。この本があれば，天気について，小学生の素朴な疑問に答えるのに困ることはないだろう。

おそらく天候により発注量を調整しなければならないファミリーレストラン食材発注担当だった天達氏の実用的感覚があったからこそ，この知識ゼロからの天気予報入門書が生まれたのだろう。お天気本を持つなら，日常生活に役立つこの 1 冊を薦める。

はじめて学ぶ法学の世界

憲法・民法・刑法の基礎

関根孝道著　昭和堂　2014　¥2,400（税別）

松田康佑
埼玉県立熊谷図書館

本書は法学の基礎から始まり，憲法・民法・刑法の基礎的な解説書である。その内容は単なる法律の解説だけでなく，法律の存在意義やその構造など，法律を学問的に習得するために必要なことも含まれている。また，解説する項目ごとに関連する法律の条文や重要判例の要旨の一部が載っており，理解の手助けになっている。判例については要旨のみで，事件内容が記載されていないので少しとらえにくくはあるが，判例集の出典が記載されているため，判例を見てみたいと思えば容易に探し出すことができる。

著者は本書を，教養科目として法律を学ぶ法学部以外の学生を対象とした法学概論の入門書「もどき」と位置付けている。「もどき」とあるのは，一般的な法学の入門書と比べると，条文や関連する判例・学説などに深入りし過ぎず，要点のみを解説した教科書として執筆されたものだからであろう。

私自身が法学部出身であったため，大学の頃に学んだことを思い返しながら読んでいたが，法学部生が学ぶ法律の基礎知識の大半がこの一冊に入っている。法律の知識を有していない人が学ぶための導入としては非常にわかりやすい。

また本書の構成は，法学の基礎についての説明から始まり，続いて憲法・民法・刑法という六法の中でも主要な法律について各章で解説を行うというものなので，それぞれの法律の特徴を比較してみることもできる。条文を読むだけではわからない，法律解釈に必要な基礎知識を一度に知ることができる。

教養としての法学を身につけようとする人や，これから法学を学ぼうという人にとって非常に役立つ本である。

日本まじない食図鑑

お守りを食べ，縁起を味わう

吉野りり花著　青弓社　2016　¥2,000（税別）

山下樹子
神奈川県立図書館

占いやおまじないの本は図書館にどのくらいあるのか?と思い調べてみると，児童書が圧倒的に多い。大人の方が悩みは深いのにと思いつつ，占いやおまじないの本が並ぶ哲学・思想の書棚ではなく，民俗学の書棚で出会ったのが本書である。

タイトルにある「まじない食」とは「神事，仏事，伝承行事のなかで何かの願いを託してお供えされる食材，食べられる料理」（p.14）である。まじない食に託される願いは病除け，厄除け，安産，子供の健やかな成長，豊作，大漁が主なものである。

例えば，埼玉県の「お諏訪様のなすとっかえ」は茄子を食べることで夏の毒消しになり，京都府了徳寺で12月に行われる「大根焚き」の大根を食べると病気にならないという。福岡県の「早魚神事」は鯛をさばく速さを競うものであり，その切り身は安産のお守りになる。香川県の「八朔の団子馬」は男の子の健やかな成長を祈る団子であり，子宝を願う縁起物でもある。岩手県の「馬っこつなぎ」ではワラ馬に「しとぎ団子」という団子を供えて豊年満作を祈る。最も感動したのは鳥取県の「うそつき豆腐」だ。12月8日に豆腐を食べると一年分の嘘が帳消しになるというものだ。まじない食，おそるべし。

本書には「まだまだある，全国の食べるお守り・まじない食」という巻末資料もあり，21種類のまじない食が紹介されている。世間のほとんどの悩みに寄り添う豊富なラインナップである。食べることは生きることにつながる。「まじない食」は，悩む人が「何かを食べよう」という気持ちになり，生きる力を与えてくれる存在だと思った。

本書は，まじない食を通して日本の豊かな食文化を伝えるとともに，原風景といえるような美しい自然を訪ねる旅の書でもあり，手に取りやすい。誰もが頼ることができるおまじないの本がある書棚＝すべての人を否定せずに受け入れてくれる書棚作りにぴったりの本として薦めたい。

「お絵かき」の想像力
子どもの心と豊かな世界

皆本二三江著　春秋社　2017　¥1,800（税別）

笹川美季
府中市立図書館（東京都）

小さい子どもと一緒にお絵かきをする時，子どもの描く，頭から手足が生えているヒトらしき絵を見て思わず微笑んだことはないだろうか。幼児の絵に見られるこのヒトの形は「頭足人」と呼ばれ，子どもの発達段階で必ず出現する。不思議なことにこの頭足人は，異なる文化や環境にあるどの国の子どもでも「ヒト」を描く時に必ず現れる。

なぜ世界中の子どもたちはそろいもそろって，誰に教わったわけでもないのに，胴体のない頭足人を描くのだろうか。本書はこの頭足人をはじめ，幼児期の絵にみられるプロセスやモチーフが世界共通のものである不思議を，集団生活の場で大量に描かれた絵や，特定の子どもの描く絵の長期間にわたる観察から解き明かしていく。

子どもの絵は，まず「点」から始まる。一見無意味のように思える紙に叩きつけるように描かれた点は，実はその後の発達の重要な第一歩となる。「点」は，やがて「線」になり，曲線などの変化がみられる「なぐりがき」の時代を経て，やがて不恰好な「円」になる。そして点や線，円を組み合わせた絵の中に，いつの間にか頭足人が出現する。はたして頭足人とは何者なのか。

筆者はそれを，人類が四つ足歩行をしていた時代の記憶の現れだと推測する。遠い昔，四つ足動物であった自身の正面から見た姿を，子どもは紙上にコピーしているのではないかというのだ。

どんな小さい子の絵であっても，子どもの絵の中には記憶にもとづく物語がある。絵は言葉よりも雄弁で，子どもは絵の中で，その時に持っているすべての感覚を使って内にあるものを表現している。筆者は美術教育の立場から子どもの発達について論じているが，そこには子どもの成長を楽しみに見つめる温かい目があり，子どもの可能性を信じようとする強い信念がある。子どもに関わる多くの大人に，手に取ってほしい一冊だ。

動物になって生きてみた

チャールズ・フォスター著　西田美緒子訳
河出書房新社　2017　¥1,900（税別）

田中貴美子
札幌市曙図書館

動物になって生きるとはせいぜいその動物の生活環境でキャンプを行う程度なのかと思いきや，書かれていたのは凄まじい同化であった。対象とする動物を理解するために生活環境を極限まで近づけていた。動物となっている間は視覚ではなく聴覚と嗅覚に重きを置いている。そして皮膚と口腔と鼻腔から動物の生活環境を感じ取ろうとしていた。本当に動物になって生きてみようとする強い意志と真摯さが記されている。

アナグマの章では四つん這いで移動し，幼い息子と共に湿地の穴で眠りミミズを食して何週間も過ごしている。「ミミズは究極の地元産食品」（p. 40）と述べている。カワウソの章ではザリガニを食しながら丸裸でカワウソ同様に糞を撒いている。著者は山奥や川に住む動物だけではなく，都会に住み人間の出すゴミを食料として生きるキツネや，イギリスの上空からコンゴまで移動し続けるアマツバメにさえなろうとしている。都会のキツネになってネズミを捕らえようとしていると住民に見つかり，警察官に捕まりそうになり逃げだすエピソードは傑作だ。確かに街中で酷い悪臭を放つ身なりでネズミを追いかけていればただごとではないと思う方が常識的である。

各章に著者の幼少時代からの動物への好奇心と親しんだ童話の思い出が散見する。見守ってくれた両親への感謝が伝わってくる。伸びやかに育った著者は，動物に対して多くの人間が抱く偏見を免れている。そして自然に深く身を置くことで動物を理解できること，自分が怯える自然と愛しく感じる動物をつなげる意義を記している。

本書は2016年のイグ・ノーベル賞生物学賞を受賞している。イグ・ノーベル賞とは人々を笑わせ，そして考えさせてくれる研究に対して与えられるが実に堂々とした受賞であると納得した。

若者たちの食卓

自己，家族，格差，そして社会

外山紀子，長谷川智子，佐藤康一郎編著
ナカニシヤ出版　2017　¥3,500（税別）

山作美幸
神奈川県立保健福祉大学附属図書館

発泡スチロールの皿にのせられたベーコン数切れ。ドーナツ一個。コンビニで購入したと思われるビーフン一皿。これらは，一人暮らしの大学生3名のそれぞれの夕食の写真である。白米と手作りのおかずの写真とともに掲載された簡便な夕食の写真は，コンビニや外食でいつでもどんなものでも気軽に食べることができる環境に住む若者のリアルな食生活を切り出している。

「食卓写真をデータとして利用する調査法」(p.2) である写真法というユニークな調査方法を用いて見出せた若者（主に大学生）の食環境が興味深い。それはSNSのInstagramなどに見られるキラキラした見栄えのよいものではない。バブル崩壊後からの不況時代に育った若者の，質素だけれども，コンビニや外食などで安価かつ手軽に，さまざまな食べ物を時間や場所に囚われず食べることのできる生活を垣間見せてくれる。

本書は，この写真法を用いて若者の食生活の現状を分析した第1部を含む3部構成である。第2部「データからみる大学生の食」では，さまざまな統計データをもとに大学生の育った時代や生活環境を示し，第3部「大学生の食をみる視点」では，第1部と第2部のデータを元に，心理学や社会学そして経営学などの観点から大学生の食をとりまく環境について学術的に論じた文章を取りまとめている。

各々の論文が短いので，物足りなさもあるが，時折はさまれるコラムにより，学術書としては読みやすい構成になっている。この飽食環境によって季節感や食物の調理能力など多くのものが失われたと筆者は指摘する。飽食環境が崩壊した時に，学生だけでなくその環境を作り出してきた我々もどうなってしまうのか…。研究者だけでなく学生自身や広く一般にもお勧めしたい一冊である。

決してマネしないでください。（全3巻）

蛇蔵著　講談社　2014～2016　各¥560（税別）

湯川康宏
埼玉県立飯能高等学校図書館

とにかく，人間の行動をなんでもかんでも純科学的に考えてしまうラブコメマンガである。

「僕と貴女の収束性と総和可能性をi（アイ）で解析しませんか？」と，巷に跋扈するチャラ男以上に理解不能なセリフで告白し，撃沈する主人公の掛田。それを慰めるのに「女性は星の数ほどいる」というところを「肉眼で確認できる星は北半球で4,300個，東京ドームに女性を詰めたと仮定して肉眼で認識できる女性の数とほぼ同数だ」と声を掛ける，変人揃いの先輩たち。内容の半分程度は真面目な科学者列伝なのだが，一見役に立ちそうで一生使えないであろう科学知識と実在の科学者の功績とがスムージー化してストーリーが展開してゆく。何が事実で何がフィクションなのかわかりづらく，いつの間にか騙されてしまう。

体内の細胞を擬人化した『はたらく細胞』など，他の“ためになるマンガ”に比べると本作の認知度は低い。埼玉県内高等学校Web-ISBN総合目録で初巻の所蔵状況を確認すると，埼玉県内で所蔵する高校図書館数はデータ提供館136校中『はたらく～』66校に対し本作品では本校含め10校である（2017年7月末現在。ちなみに人気マンガ『ちはやふる』は101校，埼玉の高校が舞台の『おおきく振りかぶって』は55校が所蔵している）。

本校理科教諭（女性）が瞬読し，絶賛したこの作品，作者の蛇蔵氏（女性！）によると，理系のための恋愛マニュアルにもなっているとのこと。読めば納得！ のはずなのだが，デートの誘い文句が「意思疎通の可能性を追求するために，共同研究という体験の共有を提案します。（掛田）」なんて無理…という方にはもう一作，『バーナード嬢曰く。』をお勧めする。本を読まずに読んだコトにしたい，《なんちゃって読書家》の自称“バーナード嬢”が，図書室で友人相手に繰り出す名言の数々，ぜひとも堪能していただきたい。

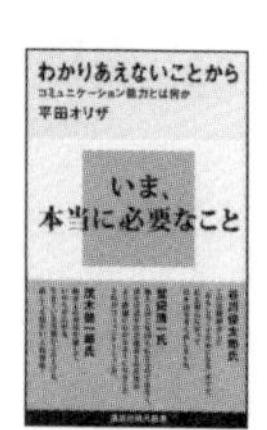

わかりあえないことから
コミュニケーション能力とは何か

平田オリザ著　講談社（講談社現代新書）　2012　¥740（税別）

大橋はるか
飯能市立図書館

他者と触れ合うことなく生きていくことはできない。多くの人が人との関係性の中で悩み，社会で求められているコミュニケーション能力とは何か明確にできず戸惑っているのではないだろうか。

本書は劇作家でありコミュニケーション教育に関わる著者によるコミュニケーション論で,「わかりあう」ことに重点が置かれた従来の論説と異なり，互いが「わかりあえないことから」始まる視点が新鮮である。

会社では主張を伝えることができる能力を求められながらも「空気を読むこと」も同時に求められ悩まされている若者の実情や，子どもたちのコミュニケーション能力が低下しているように見えるのは，お互い「察しあう文化」で育ち「伝えたい」気持ちを持たないためであることなど，コミュニケーションに関する問題を明示しており興味深い。

また，日本社会ではあまり意識されてこなかった「会話」と「対話」との違いにふれ，異なる価値観に出会ったときに粘り強く共有できる部分を見つけていく「対話」の重要性を説いている。

多様性が重要視される現代社会において，さまざまな価値観を持つ人々と「対話」できる人を育てるために教育関係者にも読んでもらいたい1冊であり，あわせて同著者の『対話のレッスン』（講談社学術文庫　2015）もお薦めしたい。

著者が「わかりあえないというところから歩きだそう」(p.223) と言うように，初めは「わかりあえない」のだから，少しでも「わかりあえた」ときにとても喜びを感じることができる。そう考えるとコミュニケーションが楽しくなってくる。

うちの子は字が書けない

発達性読み書き障害の息子がいます

千葉リョウコ著　ポプラ社　2017　¥1,200（税別）

土田由紀
滋賀県立大津清陵高等学校

本書は，知的な障害がないのに，一所懸命努力しても文字が書けない・読めない子どもを持つ母親が，「発達性読み書き障害」という概念に出会い，専門機関に相談し，診断を経て支援を受け，母子の二人三脚で進んでいった体験をもとにしたコミックエッセイ（筑波大学教授・宇野彰氏と著者の対談つき）である。

「発達性読み書き障害」は，ディスレクシアと呼ばれることもある，アメリカでは約10%の人が該当するといわれる比較的知られた障害である。2012年の文部科学省の調査によれば，日本では4.5%の確率で存在するという。つまり，クラスに2〜3人はいることになる。にもかかわらず，学校現場でさえ，ほとんど認知されていないのが現状である。その理由は，日本での研究がこれまで進んでいなかったことに加えて，当該の子どもたちがクラスの中で目立たなかったからだそうだ。そのため，本人にやる気がないからだとか，そのうちできるようになるだろうとか，本人の努力や学力が足りないからだとか思われて，見過ごされてきたのだという。

本書を読んだ先生方と内容について話し合った時，（合理的配慮をした場合）「『あの子だけずるい！』…となってしまい　それがイジメにつながるケースが大変多い」(p.75)，（多大な時間や労力がかかっても，本人が努力すれば）「点数を取れるんだったら　配慮する必要はない」(p.159)，と言われる場面が切ない，と何人かに言われた。

合理的配慮は「苦手なことを補ってもらう　自分もまた他の人の苦手なことを補って助け合うと考えればいい」と著者は言う（p.165)。眼鏡や杖や車いすを使うのと同じように，合理的配慮も当たり前のことだと思われるようにするのが，わたしたちの役目だと認識できる本だ。

欧州・トルコ思索紀行

内藤正典著　人文書院　2016　¥2,000（税別）

宮崎佳代子
千葉県立東部図書館

2015年9月，エーゲ海で溺死した3歳児のシリア難民アイランちゃんの報道は，まだ記憶に新しい。しかし，それは自分とは縁遠い出来事だと考え，難民問題を肌で感じることは少ない。

本書は，中東の国際関係を専門とする著者が，半年間の在外研修で滞在した各都市で体験し，思索を巡らせた雑多な記録である。「あとがきにかえて」で吐露されているように，出発前の著者は，刻々と変化する中東情勢やシリアでの邦人人質事件の解説等でメディアへの露出も多く，ちょっとした気分転換をもくろんでいたようだ。

旅の前半では，踵の骨が炎症を起こすほど歩き回り，街での衣食住を楽しんでいる。ところが，ベルリンに到着したあたりから，焦点が欧州社会のムスリム移民へと絞られていく。そして，トルコでも有数のリゾート地にある自宅に戻った著者は，自宅前が欧州に向かうシリア難民の最前線と化している姿を目の当たりにする。商人として名高いシリア人の中には，家財道具を満載したベンツに乗って戦火を逃れて来た人もいれば，財産のすべてを金の装身具に換えて身につけている人もいる。新天地での暮らしに希望を抱いている人も少なくない。

難民の視点から見る世界は，普段，私たちが接している欧米中心の報道で見る世界とは少し違う。他国の利害に翻弄され続ける人の視点があるということさえ気付いていなかった。その視点から見れば，複雑な中東問題も少しは腑に落ちる。著者が体験したように，戦争が前ぶれもなく，衣食住の隣にひょっこり顔を出すものであるとすれば，自分が難民になる，あるいは難民を受け入れる立場にもなり得る。

度重なる北朝鮮のミサイル発射の脅威の中で，日本においても対岸の火事では済まされないということを改めて考えさせられた。

絶望手帖

家入一真発案　絶望名言委員会編集　青幻舎　2016　¥1,300（税別）

横山道子
神奈川県立藤沢工科高等学校図書館

その生徒は大きな困難を抱えているようだった。直感的にこの本を手渡す。私「つらかった時期は，毎朝起きると，あぁ起きちゃった，って思ってたんだよね」生徒「それは病んでましたね」私「落ち込んだときは無理に浮き上がろうとしないで沈んでみるとプールの底に足がつく感覚があって，どうにか浮き上がれてたな」生徒「ふーん」。

219の名言が，人間関係，仕事，恋愛，空虚，幸福，社会，業，人生，絶望の9テーマに分けてある。各頁に大きく縦書きの名言，下部に小さく横書きで，言った人／肩書き／出典，3行の解説。出典は古典的名著だけでなく現代の図書，ブログやTwitter，「匿名希望／OL／編集部取材」といったものも混じる。解説ではその人がどう絶望していたか書かれていて，言葉の背景を考える助けになる。名言の他にカフカなど9人の「絶望の達人」が1人ずつ似顔絵入りで紹介された頁もあり，この人もつらかったのかと親しみがわく。

そして各テーマの最初と最後の頁に置かれたイラストと言葉がユニーク。例えば「人間関係」の終わりではコーヒーを見つめる人のイラストに「苦くて深い，絶望の世界」。「絶望」の扉では暗い崖っぷちに向かい四つん這いになる人のイラストに添えて「希望はしばしば　あなたを裏切りますが，絶望は裏切りません。希望は人を選びますが，絶望は選びません。（後略）」。

誰にでもきっと，絶望を味わい噛みしめて向き合うことでしか生き抜けない時期がある。ひざを抱えて「あとがき」の次頁をめくると，闇の先に見えてほしい光降り注ぐイラストが待っている。

冒頭の生徒「3回読みました，こういうポエムみたいなのって結構好きなんですよ」。彼女の左手の甲に痛々しく留められていた安全ピンは，返却のときには無かった。

地方の未来が見える本

清丸惠三郎著　洋泉社　2016　¥1,600（税別）

郷野目香織
新庄市立図書館

自分が指定管理者の一般社団法人理事兼職員ということもあり，市民協働分野の本を読む機会が徐々に増えてきた中で出会ったのが本書だ。

総務省発表の『過疎地域市町村等一覧（平成29年4月1日現在）』（http://www.soumu.go.jp/main_content/000491490.pdf）によると，全国の過疎区域は合計817団体にも上る。本書で（今後の課題も含めて）紹介される地域おこし成功のまち10事例も，かつては少子高齢化・働き口の無さ・若者の流出・空き地や空き家の増加・中心市街地の空洞化・自然環境の破壊等，複数の要因が重なり疲弊した地域の一つだったが，「とにかく，地域おこしは一に人，二にも人，三にも人」というわけで，唯一無二の個性溢れるリーダーが地域おこしを牽引してきたという共通点がある。

たとえば島まるごと図書館構想でも名高い島根県隠岐郡海士町では，「町長自身の給与3割カット」で「町民の危機感や意欲に火をつけ」自立を促すと同時に，新たな産業創出につながるI&Uターン移住者や，島外からの高校生の受け入れを推進した。また，漫画『HUNTER × HUNTER』作者冨樫義博氏の故郷・山形県新庄市では，市職員が「真剣に自分たちの住む地域を活性化させるための団体」を立ち上げ，地元商店街幹部と協力して全国初の「100円商店街」を成功させた実績を生かし，成功システムとノウハウを全国の商店街向けに公開した。他8事例も同様に，少数の人々が元からあった資源・産物・景観等に価値を見いだし，根気強く地元住民を説得しながらまちの宝として磨き抜いた結果が，継続的な集客や売上げ増加へと結び付いた。

公や民または「公と民の間を行き交う『渡り鳥』」リーダーの有言実行力に賛同した住民たちが，多大な時間と労力をかけて再生したまちは次世代に誇れる魅力満載で，今すぐ旅立ちたくなる1冊だ。

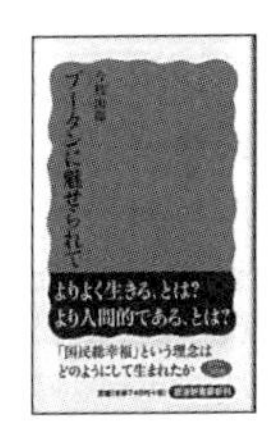

ブータンに魅せられて

今枝由郎著　岩波書店（岩波新書）　2008　¥740（税別）

田邉澄子
東京都立三鷹中等教育学校図書館

あるファンタジーを読んでいる最中，しきりに頭に浮かんだのが本書だった。それは本書2章の「目にみえるもの，見えないもの」の不思議な話が，ファンタジーの見えないが在る世界と重なりそして通い合うものがあると思ったからだ。

本書は，チベット仏教研究者である著者の，難関の末のブータン入国から，国立図書館顧問としての10年余りの日々を描いたものだ。ブータン人の日常を描く中で，その穏やかさ，謙虚さ，豊かさに触れ，驚き，やがて多くの示唆を発見していく様が本書の大きな魅力となっている。

中でも仏教徒ブータン人には見えるが著者には見えない物がある事実と，狐につままれたような昔話の世界が現存する場面は，驚きに満ちている。そして高僧ロポン・ペマラとの出会いからの，数々のエピソードが圧巻だ。ロポンがアメリカを旅行中に突然車を降り読経を始める。一群の亡霊が見えたと言うのである。後に，そこはアメリカ・インディアン大虐殺のあった場所とわかる。

国立図書館長でもあるロポンは予算は無駄使いしないと人件費のみを使い，職員は資格のない人を採用する。その理由は「高学歴で有能な人は給料も高く，どこでも働ける。（中略）働きたくてもほかで働けない人を採用している」（p.81-82）と。どんな図書館か気になるでしょう？ 書籍とは経典で，1980年代当時は法事に使うお経のレンタルが主な業務とのこと。その他，通産省ではブータンの余っている「時間」を輸出しようと話し合ったとか…。ここにはGDPやGNPの思惑はない。あるのは祈りを日常の主とする小さき人々の思い（想像力）であり，ユーモアそのものである。

翻って，図書館の仕事はこの祈りにも似た目には見えない小さな思いの積み重ねではないかと思う。本書で改めて，人間性を支えるべくある想像力を，見失うことがあってはならないと思った。

となりのイスラム

世界の３人に１人がイスラム教徒になる時代

内藤正典著　ミシマ社　2016　¥1,600（税別）

橋本紗容
洛星中学校・洛星高等学校図書館

「世界の３人に１人がイスラム教徒になる時代　仲良くやっていきましょう。

テロ，戦争を起こさないために―

大勢のイスラム教徒と共存するために―」

帯に書かれた言葉に著者の願いが表れている。

この本は，これまで関心を持ってこなかった人を意識して作られているのだろう。可愛らしい表紙と，語り口調の本文がそれをうかがわせる。

著者は，1990年代からヨーロッパのトルコ移民の研究をしてきており，第１章ではそれを元に西欧諸国とイスラムの衝突について述べている。各国それぞれに事情が異なるものの，移民たちは居場所を見つけられず再イスラム化が進行。一方で，ヨーロッパ諸国の側からは，同化しないイスラム教徒に対する差別・攻撃・排除が繰り返される。これについては「ヨーロッパの市民よ，これ以上衝突を起こすなかれ。」（p.52）と訴える。

遠く離れた日本では，イスラム教に対して西欧世界経由の“戒律が厳しい”というイメージやテロへの不安がある一方で，来日するイスラム教徒の増加を商機とみて「ハラール・ビジネス」の成長が目立つ。この状況に対して，著者は，一般の日本人が抱きがちな疑問に答えつつ，「ハラールかどうかを決められるのは神様だけ」（p.105）と苦言を呈する。

テロ，特に「イスラム国」については，「イスラム世界から生まれた“病”」（第７章）ととらえてイスラム世界の問題点について見解を示している。

「イスラム世界と西欧世界とが，水と油であることを前提として，しかし，そのうえで，暴力によって人の命をこれ以上奪うことを互いにやめる。そのために，どのような知恵が必要なのかを考えなければなりません。」（p.7）

この考え方は，イスラムに限らず各地で起こる諸問題にも当てはまるのではないだろうか。

CRISPR 究極の遺伝子編集技術の発見

ジェニファー・ダウドナ，サミュエル・スターンバーグ著
櫻井祐子訳 文藝春秋 2017 ¥1,600（税別）

三村敦美
座間市立図書館

本書は，画期的な遺伝子操作技術 CRISPR-Cas9（クリスパー・キャス 9）を発見したジェニファー・ダウドナ博士（カリフォルニア大学バークレー校教授）自身によって書かれた本である。

一人称で語られる本書は，大きく二部構成になっている。まず CRISPR 発見前史から発見に至る経過，論文を発表してから世界中の研究者によってもたらされる CRISPR を応用したさまざまな成果を目の当たりにしての高揚感，遺伝子が原因の病気への応用など，明るい未来が主に語られる。

第二部は，CRISPR をさらに進めた研究，例えば，筋肉隆々のボクサー犬，犬ほどの大きさの豚，肉がたくさん取れる羊などが紹介される。これは，人間の遺伝子を塩基 1 個単位で「操作」「編集」できるようになったことを意味する。

我々人間は，代々受け継がれてきた遺伝子に容易に「操作」や「編集」を行ってよいのか。それとも苦しんでいる人のために活用すべきなのか。第二部のもう一つの主題がこの悩ましい二面性である。CRISPR が医学を超えて，哲学や倫理学，社会学の問題を孕んでいることに博士は気が付いたのである。博士は，生殖細胞への応用について一定の歯止めを設けるようフォーラムを開催し，広くオープンな議論により誤った使い方がされないよう声明を出す。

博士の心は苦悩しながらも，CRISPR のもつポジティブな面を活用できる世の中を信じて，前向きに進んでいる。

決めるのはノーベル生理学・医学賞を受賞したニーレンバーグ博士の言うように「（前略）十分な情報を与えられた社会だけである」（p.240）。そういう意味では，我々一般人も否応なく決定を迫られるのである。図書館はそのようなとき，役に立つ存在でありたいと思う。

日本神判史　盟神探湯・湯起請・鉄火起請

清水克行著　中央公論社　2010　¥760（税別）

河合真帆
鎌倉市中央図書館

「盟神探湯」。読めるだろうか？「クカタチ」とフリガナがふれる人は日本史をしっかり勉強した人だろう。

これは，石を熱湯の中に入れ，争う双方が素手でこれを取り出して，火傷をしたら有罪，何ともなければ無罪とする古代の裁判方法である。

だが，この何とも原始的な裁判法に酷似した「湯起請（ゆぎしょう）」が歴史の下った室町時代に大流行し，さらには焼けた鉄片を握るという裁判法「鉄火起請（てっかぎしょう）」が江戸時代に盛んに行われていたといったら，にわかに信じられるだろうか？

この本は，室町時代から戦国期の社会史を専門とする著者が，この不可思議な裁判法について豊富な事例をもとに読み解いたものである。

湯起請も鉄火起請も，争う者同士の「一騎打ち」だ。領地争いの当事者同士，殺人事件や盗難の被疑者に，火傷の有無で判決が下る。中には，無罪への一発逆転を狙い，被疑者の側から言い出される場合もある。驚いたことに湯起請の有罪無罪の確率は記録上五分五分だ。

この原始的な裁判法が支持されたのはなぜか。著者はそこに人々の信仰心の変化を見いだしている。時代が下るにつれ，素朴な神への信仰心は希薄化していく。それに反比例する神判の過激化には，神をまだ信じていたい，信じられないという人々の「信心と不信心の微妙なバランス」（p.158）があったのではないかと。

このような裁判法は外国にもみられるが，共同体内の人間関係のバランスを重視したり，決死の覚悟を尊重したりする日本人の国民性との関連性を指摘しているのも興味深い。

実はこの湯起請，鉄火起請という神判を超える究極の解決策が存在する。興味のある方は，同著者の『喧嘩両成敗の誕生』（講談社選書メチエ　2006）をぜひお勧めしたい。

唄めぐり

石田千著　新潮社　2015　¥2,300（税別）

高柳有理子
田原市中央図書館

2015年の秋，先輩司書の手元に，この本はあった。私も好きな作家だ。勤務館に戻り，探してもエッセイや紀行文の棚にはない。民俗学の棚に在架していた。

タイトルの「唄」とは，日本で歌い継がれる民謡である。本書は，2011年11月から2014年8月まで，『芸術新潮』で掲載された「唄めぐりの旅」という旅の記録であり，現在も歌われ続けている民謡と，それを生み育て未来につなげていく人々や風土をまとめたものである。北海道から沖縄まで25の民謡（福島は2回取材）とその背景を紹介する本は，いまは少ないのではないだろうか。民謡の参考資料（本・CD）一覧もあり，その土地なら，郷土資料にもなる。伝える意思がなければ，廃れゆく物事を，調査し，記録し，形にして残す，その役割の一環を，本も確かに担っている。

表紙が印象的だ。佐渡のたらい舟に乗る一寸法師のような旅先のワンシーン。私という言葉をあまり用いない文体が特徴である著者の，とびきりの笑顔だ。一見して魅了された，これは読みたいと頁をめくる手がはやる。訪れた土地の順に編まれたためか，読み進めると旅を追体験し，唄すら聴こえてくる気がする。時おり折りこまれる，著者ならではの視点が嬉しい。小説やエッセイにもある雰囲気が零れ落ちる。活き活きした旅を，石井孝典氏の撮影による写真が伝える。なにより，民謡の唄い手がカメラを前に，少し照れながらも堂々と誇らしく，力強く唄う写真には，人が真摯に物事に取り組む姿は，これほど美しいものかと感じ入る。唄を知らなくても，唄い手がこめる思いが伝わってくるようだ。

そういえば，民謡をよく知らないとCDを手に取る。いつか機会があれば名人の生唄を聴いてみたい，と読者である私の世界もひとつ広がった。

ブルーシートのかかっていない被災直後の熊本城 2016年4月16日撮影

矢加部和幸，浜崎一義写真撮影　熊本城復興を支援するみんなの会発行　創流出版発売　2016　¥1,500（税別）

津留千亜里

熊本県立八代高等学校・中学校図書館

2016年4月に発生した熊本地震からまもなく2年。記憶や恐怖心は徐々に薄れていくものだと思っていたが，不思議なことに，時間が経つほど地震に関する報道や著作物を目にすることが苦痛になってきている。

本書は被災した熊本城を撮影した47ページの写真集である。撮影日は4月16日。本震と言われた激震に見舞われた日である。今はブルーシートや工事用の幕に覆われ目にすることができない惨状の記録と，それと比較できるよう被災前の写真も掲載されている大変貴重な写真集である。県民として決して見たくはない熊本城の姿だが，「事実の記録」に徹した編集だからか，民家や道路や橋といった日常生活を感じさせる場所ではないからか，今の私が手に取ることができる唯一の地震関連図書である。撮影した矢加部氏は元熊本日日新聞記者で，「城はどうなってしまったのか」と，いてもたってもいられず駆けつけたという。

私にこの本を開かせる理由のもう一つは，氏の行動に抱く尊敬の念と同時に覚える共感かもしれない。あの時，「記録しておかねば」という，氏が感じたであろう使命感を私たち学校司書も抱いたからである。「片づける前に写真に撮っておこう」という声が地震発生後，自然発生的に各地区であがった。熊本県高等学校教育研究会図書館部会が実施した被災アンケートには，140枚もの写真が集まった。もし生徒がそこにいたらと想像すると慄然とする写真ばかりである。調査をまとめた記録集は2017年度末に発行され，各都道府県立図書館に寄贈予定である。

地震発生の瞬間まで，熊本が「震災前」だったとは想像もしなかった。今，多くの方が地震前の私たちと同じ思いで過ごされているのではないだろうか。ぜひ一度目にしていただけたらと思う。

スーパーインテリジェンス
超絶 AI と人類の命運

ニック・ボストロム著　倉骨彰訳

日本経済新聞出版社　2017　¥2,800（税別）

山縣睦子
埼玉県立熊谷図書館

本書は AI 研究者やビル・ゲイツにも絶賛された世界的話題作の日本語訳である。原著は 2014 年に発行された“Superintelligence: Paths, Dangers, Strategies”である。その原著副題のとおり，道程，危険性，戦略の三つが書かれている。

著者はスウェーデン人の哲学者で，現在はオックスフォード大学の教授である。ボストロム教授は次の仮説を検証しようとしている。要約すると「もし近未来にスーパーインテリジェンス，すなわち人間の英知を結集した知力よりもはるかにすぐれた知能が出現するならば，人類が滅亡する可能性があり，そのリスクを回避するためには，スーパーインテリジェンスのふるまいを，それよりはるかに劣る人間がいかにしてコントロールすることができるかという問題を解決しなければならない」という仮説である。

したがって全 15 章からなる本書は，この仮説の検証の工程をなぞる構成となっている。まず，第 1～5 章では，スーパーインテリジェンスとは何かに迫り，どのように出現するか考察している。次に，第 6～13 章では，スーパーインテリジェンスがどのような能力と意思を持つのか，人類を滅亡させる可能性を考察した後，肝であるコントロール問題を論じている。そして第 14～15 章では AI に関わる政策課題を考察し，知能爆発の到来に先駆けて重要かつ緊急の問題に我々の努力と資源を集中すべきだ主張する。

本書が 717 頁と分厚いのは，索引・参考文献・原注が 150 頁を占めるからである。それでもこの本の見た目に怯むことなく，AI 研究を目指す高校生にぜひ読んでほしいと思った。AI を活用した企業活動が話題になる中，人間の安全を守るため，軸となる考え方を持っていてほしいと願うからである。緻密かつ論理的に説明する著者の熱意を感じ，そのような人になってほしいと思う。

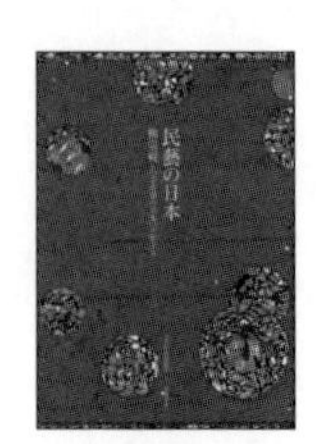

民藝の日本　柳宗悦と『手仕事の日本』を旅する

日本民藝館監修　筑摩書房　2017　¥2,800（税別）

内山香織
黒部市立図書館宇奈月館

本書は，日本民藝館創設80周年を記念し開催された巡回展「民藝の日本－柳宗悦と『手仕事の日本』を旅する－」の公式図録である。

柳宗悦は，人々が日常に用いる雑器の中にこそ非凡な美が見いだせるという「民藝」の概念を提唱し，1936年東京・駒場に自ら基本設計した日本民藝館を創設した。この『民藝の日本』には，日本民藝館を中心とする各地民芸館が所蔵する，新古民芸品の逸品約150点が紹介されている。

柳は民藝の概念を提唱して以降，約20年にわたって全国津々浦々を調査のため訪ね歩き，独自の審美眼で蒐集を続け，焼物，染物，織物，塗物，手漉和紙，家具，藁細工，金物，郷土玩具など800点以上を『手仕事の日本』（靖文社　1948）で取り上げ紹介している。柳以前には誰も注目することのなかった雑器たちが，ただの雑器から，尊ぶべき手仕事として美を見いだされていった。このことは，歩み寄る西洋化・近代化の波に少しは対抗する勢力となったのだろうか。

サブタイトルの「柳宗悦と『手仕事の日本』を旅する」を具現化するように，北海道のアイヌの小刀からはじまり，南下するような順に作品を紹介している。詳細な解説を読みながら見すすめていくと，東日本，中日本，西日本と辿り，沖縄までを旅しながら民藝をじっくり味わったような疑似体験ができる。名もない作家の名もない作品であっても，一つ一つをゆるがせにせず，丁寧に作っていった職人たちの心意気をありありと感じることができる。最後のページを閉じたところで感じたのは，良質な展覧会を観たような大きな満足感であった。この一冊で，柳らが情熱をかけて蒐集し世に広めていった“民藝”の真髄に触れることができるのである。

「民藝」ってなんだろうと興味を持った人に，日本民藝館に行ってみたいけど遠くて行けないという人に，ぜひともおすすめしたい美しい一冊だ。

世界のお墓

ネイチャー＆サイエンス構成・文
幻冬舎　2016　¥1,600（税別）

猿橋広子
長野県富士見高等学校図書館

新聞雑誌を含む年間資料購入費110万2000円。園芸科1クラス普通科2クラスの小さな高校である。園芸科の課題研究はあるが，図書館をフル活用して取り組むには至らず，おのずと蔵書構成は活字少なめな方向になり「マンガでわかる○○」「サルでもわかる○○」的な本が増える。とはいえ，図書館は広い世界へと開く扉でありたい，という願いは捨てていないので，ビジュアルで，しかも類書がない本書などは，理想的構成資料である。

写真集としても美しいが，内容もまた多彩である。死者の人生の物語とその挿絵のように，色鮮やかな肖像画と詩で飾られた木彫りの墓標は，ルーマニアのサプンツア村で80年前に若い職人の手で建て始められたもの。ここに参るために，いまや年間3万の観光客が訪れる。パリのカタコンブは地下の採石場跡に，閉鎖された市内の墓地から運び込まれた遺骨が整然と積み上げられ，アルカリ土壌のおかげで朽ちずに残る。フランス革命の英雄がどの骸骨かはもうわからない。オーストリアのハルシュタット納骨堂には赤と緑の草花を描かれた頭蓋骨が並んでいる。「メメント・モリ」と刻まれたチェコのセドレツ納骨堂の装飾は骨を組んだシャンデリア。タージ・マハル。墓地の島サン・ミケーレ。チベットポタラ宮の鳥葬の丘。テレジンのユダヤ人墓地。アメリカでは遺灰はケープカナベラルから宇宙に打ち上げられたり，フロリダで魚礁になったりもする。

小さな図書館の一冊の本から，世界を広げていってほしい。見たことのないものを見て，思いもしなかったことに出逢ってほしい。死者に思いをはせるために，歴史を紐解き，地図を開いてほしい。お墓のいろいろを見比べるだけでも，世界の多様さを感じられるはずだ。

鷗外の恋　舞姫エリスの真実

六草いちか著　講談社　2011　¥2,000（税別）

※文庫版（河出書房新社　2020　¥1,250）もあり

村上恵子
横浜市金沢図書館

森鷗外の『舞姫』といえば教科書などでもおなじみ，いわずと知れた有名な文学作品だ。主人公の不甲斐なさ，ヒロインの悲劇が印象に残っているが，この物語は鷗外自身の経験がモデルとなっているといわれている。鷗外のベルリン留学帰国直後，現地での恋人の来日について家族や友人の手記などに記されており，また1981年にはそれらしき人物が日本へ来航・出航した記録のある当時発行の新聞が発見されている。

ではその恋人とはどんな人であるか。文学論的研究など多数の論文類が発表されているが，これらの中でも本書は，恋人と思われる女性の身元について資料に裏打ちされた説得力のある調査として発表当時話題になった。ここで真偽について云々するつもりはないが，とても興味深かったのがその調査過程だ。著者は現地在住ということを生かして，1860年代から1960年代に至るベルリンの住民帳や新聞，教会公文書，古文書，戸籍簿などの原資料を，根気強く綿密に調査している。ベルリンを東奔西走して，読みにくいアルファベットの髭文字や流麗な筆記体を解読し，時には所蔵館指定の資料閲覧時間に間に合わず，時には記録が見つからず落胆したり。そんな時は当時の状況を想像して別のところを調べてみたり，調査過程で知り合った専門家に助言をしてもらったりして，新しい糸口を見つけて調査を進めていく。キーワードを入れて一括検索というわけにはいかず，スキャン画像のマイクロフィッシュを1枚1枚めくる調査の大変さは，レファレンスで同様の経験をした方なら「お疲れさま！」といいたくなるのでは。

続編『それからのエリス　いま明らかになる鷗外「舞姫」の面影』(2013)でもさらに調査を進めていてこちらもおすすめしたい。ベルリン帰国後，20世紀前半の激動のドイツを生きた彼女の人生は，『舞姫』のヒロインとは異なる印象だ。

誰がアパレルを殺すのか

杉原淳一，染原睦美著
日経 BP 社　2017　¥1,500（税別）

神戸牧子
土岐市役所

人が朝起きて学校や仕事に行く，または，出かけるとき，顔を洗い朝食をとり，身支度をする。朝食を端折っても着替えを端折る人は，まずいない。そして，目覚めたときの気分や空模様，また，仕事内容によって，当日の服装を決めるだろう。心待ちにしていた外出の際の着替えは心躍り，その服は記憶に残るに違いない。

では，人にとって衣服とは，どのくらい意味のあるものなのか。着たきり雀でも，人は生きていける。ただ，「衣食住」という言葉に表されているように，社会生活を営む上で人と衣服は切っても切れないものなのである。

本書はそんな衣服を巡って，大きな転換期を迎えているといわれるアパレル業界を取り上げている。DC ブランドブーム全盛期の華やかなりしイメージは既に過去のもの，もはや，当てずっぽうに「作って」「売る」散弾銃商法は通用しない。そして，それはアパレルのみならず，他の業界にも通ずる論理のように思える。

すべてが「売れなくなった」のではない。「売れる」ものと，「売れない」「売れ残る」ものがはっきり区別されているのだ。では，その違いは何なのか。業界の川上と川中，川下での景色の違いが，今後変化することはありえるのか。SCM の成功例ユニクロでおなじみのファーストリテイリング柳井正氏や，セールなし，生地は端切れまで，テキスタイルのアーカイブや別注商品を有効活用するというミナペルホネンの皆川明氏，オンライン SPA 新興勢力への取材が興味深い。

業界全体を俯瞰し，ピンチをチャンスに変え，悪習や不合理と決別する。今こそ，「アパレルは死んでいない」と，新しいビジネスモデルを他業界に示す絶好の機会だ。必要なものを見極め提供するという点では，図書館も同様に思える。アパレル業界の今後の展開に注目したい。

風邪の効用

野口晴哉著

筑摩書房（ちくま文庫）　2003　¥600（税別）

佐藤敦子
鎌倉市玉縄図書館

今年の冬は風邪を引かなかった。喜ぶべきことなのに少し残念なのは，風邪の効用を体感できなかったからである。

「風邪を引くと大抵体が整う」(p.18)「風邪というものは治療するのではなくて，経過するものでなくてはならない。」(p.27) と語る著者は，整体協会の創設者にして整体の発展に寄与した人物。本書は，自らの治療経験から見いだした風邪のとらえ方・対処法についての講義をまとめたもので，1962 年に全生社から出版され，再構成してちくま文庫になった。

いわば「古典」であるにもかかわらず，広く読み継がれているのは，積み重ねた経験から導かれた方法＝実用と，その先にある普遍的な思想が現代人に響くからにほかならない。

著者は，決して風邪を軽く見ているわけではない。むしろ，別の病につながる難しさを知るからこそ，体をよく知り，正しく経過させることを目指す。私たちの「常識」である，仕事や用事のために早く治すという考えの方が，風邪を侮り，本来の健康を損なう原因になっているのではなかろうか。何事も，今起きている現象に対処するだけでなく，原因や背景を受け止めなくては始まらない。もし，風邪を引いてしまったら体のゆがみが原因かそれとも心理的な原因なのか，自分の体の声に耳を傾け，体を整える機会ととらえたい。

文学作品の中で，印象深い風邪の場面がある。昨年，大きなブームになった『君たちはどう生きるか』(吉野源三郎著　岩波文庫　1982) がそれだ。主人公のコペル君が，深い後悔を抱えて雪の中に立ち尽くし，ひどい風邪を引く。長い間寝込むが，回復した後はすっきり晴れ晴れとした心持ちになる。

これぞ，正しく経過して「蛇が皮をぬいだよう」にすっきりした風邪の効用ではないかと思う。

絶滅鳥ドードーを追い求めた男

空飛ぶ侯爵，蜂須賀正氏 1903-53

村上紀史郎著　藤原書店　2016　¥3,600（税別）

松崎　萌
千葉県立中央図書館

この本は，鳥類学者の蜂須賀正氏の生涯と功績について追いかけた伝記である。彼は戦時中としては珍しく，イギリスに留学し，北アフリカやフィリピンを探検，アメリカに滞在してドードー鳥の研究論文に着手するなど，日本に留まらない研究活動を行った。しかし彼の日本での評価は，「困った若様」「スキャンダラスな侯爵」などという，放蕩華族の印象が強いものだったようだ。著者がこの本をまとめようとしたきっかけは，鳥類研究の関係者以外で蜂須賀氏の業績が知られていないと感じたからである。関連年譜や参考文献一覧，主要人名索引なども充実していて，蜂須賀氏の研究内容や行動のほか，当時の関係者や，時代背景なども丹念に調べることで，あまり言及されてこなかった蜂須賀氏の人物像を浮かび上がらせることに成功している。

彼の日本での活動は，日本生物地理学会の創立，英仏語での学術雑誌への寄稿，戦後 GHQ の野鳥調査への協力などで，国内に世界の鳥類研究の様子を積極的に発信していたことがわかる。しかし日本では蜂須賀氏の評価は低かった。その理由について著者は，彼がコスモポリタン的な思想を持っていたからでは，という見方をしている。日本が諸外国との対立を深め，戦争へ向かっていく流れの中で，古い価値観に囚われず研究のため世界各国を飛び回る蜂須賀氏は日本社会の中では異端だった。戦時中にも海外へ出かけ，敵性語である英語で論文を出版したことなどからもそれがうかがえる。時代に逆らうという点では，新種の発見が主流だった鳥類研究で，過去に絶滅した鳥を研究したのも当時としては珍しかった。その研究から蜂須賀氏は，種の保存のための鳥獣保護という先進的な概念を戦後日本に啓蒙していくことになる。異端であることを恐れない彼の生き方に触れられる一冊である。

中動態の世界　意志と責任の考古学

國分功一郎著　医学書院　2017　¥2,000（税別）

山本貴由
志摩市立小学校

能動と受動。英文法の授業で習った二つの態は対立する関係にある。しかし今もう一度考え直してみてほしい。あらゆる行為がこのどちらかに分類できると言われたら，疑問を抱かないだろうか。例えば能動的であることを仮に「自身の意志をもって行動すること」とするなら，睡余の一挙手一投足はすべて能動的と言えるのだろうか。また銃を突きつけられて恐怖のままに取る行動は受動的なのだろうか。そこには不本意ながらも行為者の意志が介在しているように思われるが。

本書では能動態／受動態のほかに，かつてインド＝ヨーロッパ語族の諸言語にあまねく存在していたとされる「中動態」という態に焦点を当てて解説を行っている。「中動態」も受動態と同様に能動態と対立する関係にあり，ごく単純化して言うと，能動／受動がする・されるの関係ならば，能動／中動は主体が過程の外か・内かという関係にあたる。著者はこれらの態の概念を言語学の世界にとどめず，哲学の議論，引いては現実世界に生きる私たちの行いにも当てはめて新たな視座を与えている。

著者も節々で言及しているが，能動／受動のパースペクティヴで物事を見るとき，そこには意志や責任という言葉がつきまとう。ある行動に明確な意志があったか否かは本人以外にはわかり得ない（厳密には本人にもわかり得ないことかもしれないが）はずだが，第三者にその意志の有無を判定され，結果その行動の責任を追及されるということはよくある。しかしそこに能動／中動という区分を用いるならば，必ずしも意志・責任の所在をただす必要はなくなってくる。

仕事柄中高生に関わることの多い私は，かれらの等身大の悩みを聞くことが多い。かれらの背負ったものを相対化するにはどうすればよいのか。十代には難しい本だが，「こんな本や考え方もあるよ」と紹介したくなる。

虹色のチョーク　働く幸せを実現した町工場の奇跡

小松成美著　幻冬舎　2017　¥1,300（税別）

池沢道子
神奈川県立茅ケ崎北陵高等学校図書館

日本のチョークのシェア50%を占める日本理化学工業の取材をまとめた一冊。「ダストレスチョーク」とガラスなどに描き消しできる筆記具「キットパス」が主力商品だ。スポーツ・芸能関係の人物ルポルタージュ等を手掛けてきた著者が，『日本でいちばん大切にしたい会社』（坂本光司著　あさ出版　2008）やテレビ番組で取り上げられているこの会社を，工場，経営者，社員とその家族への取材を通じ，会社の歴史も振り返り紹介する。

従業員の7割が知的障がい者。大山泰弘会長が社長のときに知的障がい者雇用をスタートさせたのは1960年。経営者は，障がい者が働くための工夫を次々展開していく。作業に必要な道具の改善，各自が設定する1年の目標，個人の特性に合った役割，「6S」活動，10年単位の勤続表彰…。

「人は仕事をすることで，人の役に立ちます。褒められて，必要とされるからこそ，生きている喜びを感じることができる。（中略）彼らから，働く幸せ，人の役に立つ幸せを教えられたのです。」（p.14）と大山会長は言う。過去には障がい者雇用の取り組みに反発した息子の大山隆久社長も，今は同じ思いでその理念を引き継ぎ経営にあたっている。取材中の2016年7月，相模原殺傷事件が起きる。著者は，この会社に，共に生きるヒントを見いだし，繰り返し「働く幸せ」を伝える。

褒めることで相手に対し感謝の気持ちを持つことができ，褒められることで自信と責任感が育ち，よい結果が出せる働きをする。できないから責めるより，褒めて褒められて互いに感謝の気持ちを表し認め合えたら，閉塞的な状況が少しはひらけて生きやすくなりそうに思った。

館内ではチョークと並べて本を紹介してみた。キットパスも使ってみたいと思っている。

写真は大西暢夫。写真掲載はそう多くはないが，工場で働く従業員の表情を温かくとらえている。

牧野富太郎　植物博士の人生図鑑

コロナ・ブックス編集部編　平凡社　2017　¥1,600（税別）

石川靖子
横手市立平鹿図書館

社会人になりたての頃，通勤路にある都内の公園の中で，よい香りに包まれる場所があることに気がついた。正体は沈丁花の花だと聞き，その香りが記憶に刻まれた。以来，植物の持つ圧倒的な存在感に心惹かれるようになった。

図書館や書店で植物の本を眺めることは私の楽しみで，そんな折に出会ったこの本は，日本の植物学に多大な功績を残した牧野富太郎氏の自叙伝である。氏に関する著書は数多く刊行されているが，これはビジュアル版として美しくまとめられた1冊だ。既刊の著書から抜粋した文章を紡ぐかたちで進む本篇は大変読みやすく，緻密で詳細な写生画や植物標本は美術書のように美しい。

1957年に94歳で亡くなるまで，植物の研究に一生を捧げた牧野氏が収集した植物標本は約40万点といわれ，1,500から1,600種もの新植物を発見している。故郷の高知と東京とを行き来し，さらに全国各地をまわり実地調査を積み重ねて，その地域に根付く植物を解明していった。

牧野氏は「あるいは草木の精かも知れん」と自身を表現している。植物への果てなき愛が探究心を産み，学び，それが知識となる。知識が人生をどれほど豊かにするか身をもって示している。牧野氏によってこの世に記された多くの植物を，いつでも本で知ることができる私たちは幸せだ。

図書館員は地域を知らなくては，と言われる。そのために，その地域に根付く植物を知ることも手だてのひとつになるだろう。山や丘陵，花木も街路樹も，花壇の花も，足元の草花も。図鑑などで調べてみよう，そんな気持ちになるはずだ。

沈丁花の北限が東北南部と知ったとき，秋田での春の彩りには，沈丁花の香りが添えられないことを少し残念に思った。

巻末には著作目録や略年譜，ゆかりの施設案内があり，牧野氏を深く知りたい人の役に立つ。

サードプレイス
コミュニティの核になる「とびきり居心地よい場所」

レイ・オルデンバーグ著　忠平美幸訳
みすず書房　2013　¥4,200（税別）

戸張裕介
調布市立図書館神代分館

昨夏，腰を痛め，半年ほど近所の整骨院に通った。お客さんと整体師さんや，お客さん同士の会話，そして整体師さんのキャラクターが相まって，とても雰囲気がよく，完治した後も通いたいと思ったほどだった。そのようなときに思い出したのが，この本である。

書名にもなっている「サードプレイス」とは，第1の場である家，第2の場である職場の間にあり，居心地が良く，さまざまな機能を持った場所である。

この本の構成は，三つに分かれている。第1部は，「サードプレイス」の特徴や機能が解説される。この本で挙げられる機能は，娯楽性から近隣住民を団結させるものなど，数多くあった。第2部では，各国の「サードプレイス」事情について，紹介されている。この本では，イギリスのパブや，フランスのカフェなどが例として挙げられている。

第3部では，「サードプレイス」の課題を挙げる。この中で筆者は，都市計画等により，空間利用の単機能化が進行していることについて指摘する。そのような場所を「非場所」と呼び，そこではお客さんは，単なるお客さんでいることが求められる。この点については，アメリカに限らず，日本も同様だと思った。一方，「サードプレイス」では，お客さんは，お客さんであると同時に，その場の構成要員としての役割がある。

近年，にぎわいの創出を目的に，図書館を含む複合施設が作られることが多いが，複数の「非場所」が同じ箱に収められているだけなのではないかと感じた。この本を読むと，本当のにぎわいを創出するとは何か？ と考えさせられる。

地域に根ざす図書館が「サードプレイス」になる可能性は十分にある。そのためにもこの本を一読する価値はあるように思う。

社会をつくる「物語」の力

学者と作家の創造的対話

木村草太，新城カズマ著

光文社（光文社新書）　2018　¥920（税別）

吉井聡子
川崎市立川崎図書館

SF 作家と憲法学者による，タイトルに「物語の力」という本書。帯には「想像力が現実を動かす」とあり，そのどれもがミスマッチな所から興味を惹かれる。SF 作家新城氏と憲法学者木村氏の対談で全編構成されている。

タイトルに「物語」を冠しているので，「物語論」が展開されていくかと思いきや，第 1 部「法律は物語から生まれる」の中では，対談内容はトランプ現象について，法学の基本とは…等が語られている。現在世界で起こっているトランプ現象や法律学考察が多岐にわたり続き，タイトルにある「物語」は，どこで触れられていくのか？ というと，第 1 部の最終で「ゲームという模擬社会」が語られ，90 年代初頭，新城カズマ氏が主催していた RPG ゲーム『蓬莱学園』の話となる。

90 年代初頭の RPG ブームとその運営についての解説は本書に譲り，その中で新城氏が「その時代，インターネットが無くてよかったことは，思考に時間をかけられたこと。」と繰り返し語っているのが印象的であった。

第 2 部「社会の構想力」から，主軸となるのはトールキン『指輪物語』である。『指輪物語』はハッピーエンドなのかそれとも…と，登場人物たちの立場を語っていながら，話は「『指輪物語』はリベラルデモクラシーか？」といったテーマにまた発展する。そしてこの推察を現在のトランプ現象の考察へ続けている。まさしく縦横無尽である。

第 3 部で「SF が人類を救う？」では，また対談は広がりをみせ「AI から民主主義まで」等と話が進んでいく。そして終章は『指輪物語』とケストナーで締めくくる。対談形式のこともあるが「むき出しの知的好奇心の塊」に触れた思いがした。

捨てられないＴシャツ

都築響一編　筑摩書房　2017　¥2,000（税別）

上杉朋子
豊中市立岡町図書館

本書は，70枚のＴシャツとその持ち主の話を連載したメルマガの記事をまとめたものだ。各文章にはＴシャツの名前と写真，持ち主の年齢，性別，職業，出身地がそえられる。「ホノルルマラソン　68歳男性　小説家　京都府出身」という具合。プロフィールだけで誰だかわかりそうなプロの書き手も登場するが，9割は一般の人である。

「私の自慢のＴシャツ」というのとはすこし趣が異なる。自分とＴシャツとの出会いをあっさり書く人あり，Ｔシャツの話より自分の生い立ちや恋愛のすったもんだのほうが長い人あり。体型が変わってしまい今では着ることができない，今は寝巻きになっている，たまに取り出してニオイを嗅ぐだけ…だがとにかく捨てられない，そんなＴシャツが登場する。

「まえがき」で本書の編者都築響一は「これはもしかしたら，Ｔシャツという触媒から生まれた『ナショナル・ストーリー・プロジェクト』なのかもしれない」（p.12）と書いている。このプロジェクトはポール・オースターがラジオ番組で「作り話のように聞こえる実話」を全米から募ったものだ。集められたのは，この世界のどこかにいる（いた）名もなき他人がこの世界を自分とは違うように生きている（生きた）という話。それだけなのだが妙に残る。ひょんな事で思い出す。捨てられないＴシャツというテーマで語られた70人の話も妙に残る。

排架待ちのブックトラックで本書を見た時に，読んだことはないのに内容を知っていると思った。しばらく考えて，「家の者が，Ｔシャツが捨てられないとかいう本を読んでいる」という話を知人から少し前に聞いたことを思い出した。いつか，この話を聞いた時に座っていた木の丸椅子のかたさや，ほの暗い部屋の様子とともにふと思い出し，「なんだっけあの本」と探しに行く気がしている。

歌う鳥のキモチ

石塚徹著　山と溪谷社　2017　¥1,400（税別）

鏡　円
府中市立中央図書館（東京都）

鳥の声は2種類に分けられる，と聞いてすんなりと頷くことの出来る人は，余程の鳥好きに違いない。一つは「さえずり（歌）」で，繁殖にかかわる比較的複雑な声のことである。主に幼鳥時代に学習によって獲得するもので，ウグイスの「ホーホケキョ」が代表的な例である。多くの種類はオスだけが歌う。もう一つは「地鳴き（普段の声）」で，オスもメスも発声する。身の危険を知らせる，など本能的に発せられる声のことである。本書は主にクロツグミの「さえずり」に言及している。

まず，鳥の種類によって持ち歌のレパートリーがあることを地道な観察によって突き止めている。さらには，さえずっているオスが独身なのか，既婚者なのかを，その歌のレパートリーと回数，鳴く時間帯で区別することもできる。「さえずり」は遺伝ではないため，環境によって持ち歌にアレンジを加え，変化させることがあることも証明している。そこには，一羽につき100回以上の鳴き声を録音し，一回一回の声紋を分析し，鳴き方の特長をひとつひとつ書き出してカウントするという，地道で膨大なデータ解析から成る裏付けがある。そのため，著者は山林で出会うクロツグミを，声だけでどの個体かを聞き分けることもできる。

その結果著者は，オス鳥たちが自分の遺伝子を後世に残すために，歌を磨き，本来一夫一妻であり育雛に熱心な彼らが，妻の抱卵期に平気で縄張りを越え，近隣のメスに近づく，という事実を発見することになる。既婚メスも自分の遺伝子を残すために，より魅力的な声を持つオスの呼びかけにちゃっかり応じている。オスが二つの巣の間を，それぞれのメスに対して愛の歌を歌いながら行き来しているうちに，二羽のメスの距離が近づきすぎ騒動が勃発，などという修羅場も…。鳥たちの美声は私たちにとっては癒しであるが，その裏には，人間顔負けの命がけのドラマが隠れていることに，思わずにやりとしてしまう。

あやつられ文楽鑑賞

三浦しをん著　ポプラ社　2007　¥1,600（税別）

金森陽子
大阪信愛学院図書館

文楽は敷居の高い伝統芸能の一つで，積極的に観劇に行くのは余程好きな人だろうと推測する。私は小学校か中学校かの芸術鑑賞で見たときには文楽というものに違和感しかなかった。生身の人間で演じればいいものを，なぜに人形と義太夫と三味線で演じるのかと。それが大人になり自分の意思で舞台を見ると，なぜか違和感はどこかへ行ってしまった。私も“あやつられ”るように文楽鑑賞にはまりつつある一人だ。

本書は楽屋取材やしをん流の作品解説で，文楽の魅力を伝えてくれる一冊だ。三味線の鶴澤燕二郎（六世燕三），人形遣いの桐竹勘十郎，義太夫の豊竹咲大夫への楽屋取材を通して芸や伝統，演者の日常や人柄などを垣間見ることができる。

文楽作品は惚れた腫れたのドラマのような内容や時代物など，江戸時代から庶民が楽しむもの。何百年も前に創作されたのだから，登場人物たちの感覚や発想，行動が今とはまったく違う。それにツッコみつつ，堅苦しく見なくても自由に楽しめばいいというのが著者の語り口調でよくわかる。また，演目には歌舞伎や落語に共通するものもあり，今風にいうメディアミックス。当時の人たちが，文楽で大当たりしたから他の芸能でも取り入れようというノリ。そんな比較も興味深い。

文楽の魅力について「大夫，三味線，人形が繰りだす芸と技。いきいきした登場人物と，壮大さと深みを備えたストーリー。たまにトンチンカンな言動や思考を見せる登場人物に，「そりゃあないだろ！」とツッコむ楽しさ。（中略）見るひとがそれぞれ，自分だけの楽しみかたを発見できる，間口の広さと奥深さ。それが文楽の魅力ではないだろうか。」（p.263）とある。まさしく舞台を見れば著者の言うとおりだと実感できる。

文楽の道に邁進する若者たちを描いた同著者の『仏果を得ず』（双葉社 2007）も合わせて読むと，本物の舞台も見てみたくなること間違いない。

ビブリオテカ　本の景色

潮田登久子著

ウシマオダ発行　幻戯書房発売　2017　¥8,000（税別）

神原陽子

埼玉県立久喜図書館

本書は，写真家潮田登久子が1995年から撮り続けてきた「本」の写真をまとめたものである。取り上げられているのは，中世ヨーロッパの祈祷書，重厚な革装の稀覯本，近世の和装本から近代の子どもの本までと幅広い。本の置かれた場所も，個人の書斎や図書館の収蔵庫，古書店などさまざまである。著者は，オブジェとしての本だけでなく，本をめぐる環境にも魅せられている。タイトルの「景色」はここから来ているのであろう。

紹介する際のカテゴリ分けもユニークである。「手稿」や「活字」，部分に注目した「面」「背」「天地と小口」，形態による「豆本」「分厚い本」「痩身」。また内容から見た「日本を旅行する」「美女と美男」，さらには本の行く末について考える「修復」「死亡」など，AからZまで26のテーマのもと，いろいろな本の景色が登場する。次のページに何が現れるのか，わくわくさせられる。

図書館の特別資料室で整然とならんでいる本もあれば，表紙がボロボロと崩れ角は折れ，形がゆがんで自立しない本もある。蒐集した持ち主を失い雑多にならぶ本，おびただしい付箋がはさまれた辞書，包帯をまかれて書架で修復を待つ本…。モノクロ写真から浮かび上がるのは，本がまとっている，過ごしてきた時間の層だ。そこには不思議な美しさがある。モノとしての本が，どんな場所に収められ，誰に読まれ，大事に引き継がれ，いつの時代の空気を吸って今にいたったのか。本がたどってきた人生を感じさせる。

日々，多くの本に囲まれて仕事をしていると，個々の本に目が向かなくなることがある。そんなとき，ふいに森から木にピントが移るように，一つ一つの本を慈しみたくなる写真集である。

前作『みすず書房旧社屋』（ウシマオダ　2016）に続き，本作も高い評価を受け，2018年「土門拳賞」を受賞している。

「国境なき医師団」を見に行く

いとうせいこう著　講談社　2017　¥1,850（税別）

新井玲子
群馬県立伊勢崎興陽高等学校

いとう氏は，売り出した商品のパテント料を「国境なき医師団（MSF）」に寄付した縁で，MSF を取材することになる。氏は MSF の活動が多岐にわたり，しかもほとんど知られていないことに気づき，この本の元となる web 掲載を始めている。

ハイチ編では，2010 年の大地震，2016 年のハリケーンと，甚大な自然災害に続けて見舞われた首都ポルトープランスに行く。

ギリシャ編では，経済危機のギリシャが，中東やアフリカなどの難民を 50 ものキャンプで 5 万 5000 人以上受け入れている現場へ行く。

フィリピン編では，首都マニラの街の中にある 9 キロ平方に 60 万人以上が住むスラムへと行く。

ウガンダ編では，近隣の国から難民が半年の間に 85 万人以上流入している，首都から車で 11 時間かかるビディビディ・キャンプに行く。

難民キャンプは，世界各地から来た，それぞれの居場所を追われた人々で豊かな国際性を見せる。そのため MSF の活動も，各地域の実情に合わせ非常に多様性に富んでいる。それを支えているスタッフもまた，世界中からさまざまな技術を持って集まってきている。怪我や病気を治療するだけでなく，貧困の連鎖を断ち切るための活動や，難民がケアを受けること自体を抑圧と感じないための文化的仲介者や心理療法士の配置もしている。読むほどに，スタッフが使命感を持って生き生きと活動しているのとは対照的に，困難を抱えた人々の厳しさが浮き彫りになっていく。

MSF の活動は「我々は根本にある問題の解決を望みながら，世界に訴え続けるしかないんだ。そしてその間，あらゆる傷に絆創膏を貼る」というプロジェクト・コーディネーターの言葉に集約される。世界が否応なくつながっている今日において，困難を抱えている人々の現状を「知る」こと，そして「共感」することがとても重要なことに思える。その一助としてこの本をおすすめする。

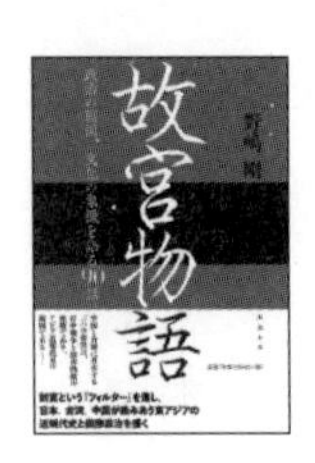

故宮物語　政治の縮図，文化の象徴を語る 90 話

野嶋剛著　勉誠出版　2016　¥2,700（税別）

鈴木崇文
名古屋市山田図書館

旅先としてますます人気上昇中の台湾。雰囲気のよい書店やおいしい料理に気軽に出会える魅力溢れる島である。しかし，九州ほどの大きさの台湾は,「島」なのか,「国」なのか,「中国」なのか，と問われてみると，困惑し口ごもってしまうのが正直なところである。

本書は，朝日新聞で中華圏報道を重ねた元記者が，東アジア最高峰の博物館・故宮（台北）の長年の取材を通して示す過去から将来にわたる台湾像である。日本という第三者の視点がかえって像をくっきりさせている感がある。王朝継承と歴史の正統を何よりも重視する中華世界において，過去の文明の集積である故宮文物は日本での想像を大きく超える価値があるという。よって，国民党の蒋介石は，日中戦争時，戦禍を避けるため王朝遺産の眠る故宮（北京）から文物を南方に避難させ，終戦後共産党との内戦に敗れるとその一部を台湾へと運び込んだ。結果として文物は北京と台北に分離し，二つの故宮は政治対立の象徴となった。しかし，台湾の成長に加え近年著しい中国の経済成長は，これまでの双方対立に，解決なしの現状維持という解決法をもたらす可能性を感じさせるという。決して予断は許さないが光である。

ところで，本書を取り上げた隠れた理由は，巻末の故宮（台北）の歴代役職者インタビューで語られる運営方針の変化や職員の意識が，日本の公共図書館を考える上で面白いと感じたからである。政権と故宮が一体であるのは措くが，市民に比べ伝統中華世界重視の気風が強い職員，広くアジアに故宮を位置づけ多元化を目指す民進党時の院長，セールスに長じても文物理解の浅い院長を好まない職員など，単純に割り切れず胸がずきずきする。

著者の『台湾とは何か』（ちくま新書　2016）を併読すると理解が進み，日本への新たな視点も加わると思う。あわせて小籠包を味わえばさらに理解が深まるに違いない。苦しく，楽しい時間である。

南極建築 1957-2016

LIXIL 出版発行　2016　¥1,800（税別）

高田高史
神奈川県立川崎図書館

南極が舞台のアニメ『宇宙よりも遠い場所』を見て，オーロラ，ペンギン，砕氷船…など，今まで知らなかった南極に興味を持ったとしよう。多くの人は，なんとなくの興味だけで終わるのだろうが，そうしたときにこそ，ぜひ図書館の書架を眺めてほしい。「南極の本だ」と手に取った一冊から，興味が広がっていく。

今回，紹介するのは『南極建築 1957-2016』。NDC だと 526（各種の建築）に分類されることが多いので，そこに南極の本が置かれているとは，気が付きにくいかもしれない。

終戦から 10 数年後に行われた南極での基地建設は手探りで行われた。初期案では円形の建物も考えられていたが，現場からの組み立てやすさの要望もあり四角い形に改められる。建築家・浅田孝はパネルを組み立てる方式を考えた。「日本初のプレファブ建築」とされる。本書には組み立てマニュアルを兼ねた設計図面集の一部も掲載されている。この建物は工芸品と語り継がれた。

南極には高床式の建物が多い。スノードリフトと呼ばれる雪の吹き溜まりへの対策である。近年は船も大型化し運べる資材も増えた。エコや生活の快適さを考慮した建物が主流で，昭和基地の自然エネルギー棟は，2011 年のグッドデザイン賞を受賞した。

日本以外の南極の基地も写真で紹介されているが，デザイン的にも目を引く建物ばかりで，機能性も含め，国ごとの特色もうかがえる。

本書は，南極の建築の歴史を軸に，写真，イラスト，解説，証言などでまとめている。多方面から読みやすく書かれているので，ここから関心が広がることもあるだろう。図書館が出会いの場であるのなら，こんな本もあることを知ってもらいたいと感じた。上記のアニメや南極が舞台の映画などを見ても，これまでとは違った楽しみが生まれるだろう。

健康格差　あなたの寿命は社会が決める

NHK スペシャル取材班著
講談社（講談社現代新書）　2017　¥780（税別）

谷口美和
ふじみ野市役所

センセーショナルな題名だ。寿命とは訪れるものではなく，社会から決められるものなのか。

寿命に影響を及ぼすものとして何を思い浮かべるだろう。例えば生活習慣病やがんであれば，食事と運動などの生活習慣や遺伝的要因と考えるのではないか。そして生活習慣病になるということは，自らの健康管理を怠ったゆえの結果であり，中高年の問題と考えはしないだろうか。

本書において，30 代で糖尿病を発症し寝たきりに近い生活を送らざるを得なくなった女性の例を始め，これは中高年だけではなくすべての世代の問題であり，「所得」「雇用形態」「家族形態」「地域」といった個人の責任のみに帰すことができない要素が寿命に結び付く健康格差となっており，命の格差ともなっていることが示されている。

テレビ番組の制作過程の取材に大幅な追加取材を加えて執筆された本書は，貧困や健康上の困難を抱えた人，医療者，自治体職員のほか研究者の声を取り上げている。また番組中の「自己責任」か否かについての討論の様子が紹介されており，読者自身がこの問題をどう捉えるのか問われることとなるだろう。いずれにせよ健康格差を自己責任論で切り捨ててみても，結局は自分自身や社会全体に帰ってくるということだけはわかるのだ。

図書館で働くということは，少なからず超高齢化社会，雇用問題，貧困，社会的孤立といった問題の渦中にいる人々と向き合うことなのだということを忘れてはならない。また，区民全体の野菜摂取量を増加させた足立区の取り組みの成功例や，人々や組織のつながりを「資源」ととらえるソーシャル・キャピタルと健康との関連等が示されており，未来に希望をつなげるために自分自身あるいは職業人としてなすべきことについて，考える一助となるであろう。

名画の中の料理

メアリー・アン・カウズ著　富原まさ江訳

エクスナレッジ　2018　¥2,200（税別）

緒方仁子

福岡県立太宰府高等学校

皿に美しく盛り付けられた料理は，キャンバスに描かれた絵画のようだ。この本はまさにそんな一冊である。

書名から，名画に描かれている料理を解説した本だと思いきや，そうではない。有名なものから無名のものまで，料理に関するさまざまな絵画やレシピだけではなく写真や日記，詩や散文からの引用なども紹介されている。

例えば，マネの絵「アスパラガスの束」にはプルースト著『失われた時を求めて』からの引用と，画家ジョージア・オキーフによるワイルドアスパラガスのレシピが添えられている。セザンヌの「3個の梨」にはセザンヌ自身の梨のデザートレシピ，マネの「レモン」はチリの詩人パブロ・ネルーダの詩と共に載せられている。

天才ピカソやレシピ本を出版するほど料理好きだったというダリの絵画やレシピ，エピソードも多い。

前菜から始まり，スープ，卵，肉などと続きデザート，飲み物で終わる章立ては，まさにフルコースで料理を味わっているようだ。

各章の最初で著者が紹介しているエピソードも興味深く，次に続く作品がより楽しめる内容になっている。

取り上げられている作品は，19世紀から現在までの食べ物にまつわる文学や詩の引用，レシピ，静物画，写真と多岐にわたるが，その組み合わせが絶妙で，読みながら本当に料理をしているような，料理を前にしているような，画家や詩人たちと食事を楽しんでいるような気分になってくる。

出てくる料理は主にヨーロッパやアメリカの人々にとっての家庭の味であったり，ごちそうであったり，中には日本人である私には想像もつかないようなものもある。気になるレシピに挑戦してみるのもいいかもしれない。

コメニウス「世界図絵」の異版本

井ノ口淳三著　追手門学院大学出版会発行　丸善出版発売
2016　¥2,800（税別）

橋爪千代子
立川市多摩川図書館

「コメニウスは，十七世紀前半の動乱に生まれた天才である」（『児童文学論　下巻』福音館書店　2009　p.96）。児童文学者の瀬田貞二は，コメニウスをこう高く評価した。

16世紀末のチェコに生まれ，教育者，聖職者などとして生きたコメニウスの78年の生涯は平坦ではなかった。子どもの頃から家族を相次いで失い，異端とされた宗派であったために祖国を追われ，欧州各地を転々とする一生であった。60歳直前のときには全財産を焼き尽くされるという惨劇にもあった。が，その直前に印刷所に届けておいた文書がその後の欧州の教育，児童文化に大きな影響を与えた『世界図絵』の原稿だったのである。

「コメニウス以前の中世教育は，体罰が教育の方法だと疑いもなく行われていた。それは子どもを性悪説的な観点で捉えていた結果でもある」（工藤左千夫他著『学ぶ力』岩波書店　2004　p.107）。その時代に，コメニウスは「子どもたちは絵を見ることが好きである。そしてその中から物事を自由に空想し創造する能力をもっている」（『学ぶ力』p.108）と『世界図絵』の序文で宣言した。これは，子どもの観方を「性悪説」から「性善説」へと根底から転換する画期的な考え方であった。

『世界図絵』は「18世紀には聖書に次ぐベストセラー（千野栄一）と言われ」（本書p.4），「コメニウス以降ジョン・ロックやルソー，カント（中略）などを経て，近代教育と児童文化は開花する」（『学ぶ力』p.108）ほどの潮流を起こした。

世界初の絵入りの教科書，絵本の始まりという点からもその出版の意義は極めて大きい。

本書は『世界図絵』以降，各国で出版された270種類以上もの「異版本」の研究書であり，元祖『世界図絵』への論讃である。最初に日本語に翻訳したのが18世紀に薩摩からカムチャッカに漂着した少年ゴンザだったという点も興味深い。

大丈夫，働けます。

成澤俊輔著　ポプラ社　2018　¥1,400（税別）

村上さつき
大崎市図書館

総務省が2018年6月に公表した5月の労働力調査によると，完全失業者数は158万人となっているが，本書の著者によると，“働きづらさ”を抱えている就労困難者は3000万人と考えられている。“働きづらさ”には身体障がい，知的障がい，発達障がいもそうだが，引きこもり，難病，DV被害者や破産者など，理由は多岐にわたる。本書はそんな働きづらさを抱える就労困難者支援をするFDA（Future Dream Achievement）の活動が綴られている。

第一章では，5人の働きづらさの体験を一部マンガにして説明をしている。気持ちに余裕がないとき，忙しいと感じているときなどは，マンガで書かれているものも図書館利用ではよく好まれるので，程よい構成に感じる。

第二章ではどんな人や出来事がきっかけで就労困難者になるのか，第三章では，著者の生い立ちに触れている。実は，著者の成澤さんは，網膜色素変性症という病気で視覚障がい者でもある。また，働く過程でうつ病や髄膜脳炎となり，自身も就労困難者となっている。

FDAではトレーニングを積み重ね，就職をサポートしている。そんな中で著者がくりかえし「大丈夫だよ」と声をかけ，就労困難者も自分ができること・できないことを理解し，会社もそれを理解し受け入れる。そんな相互の関係を築き上げていくことが，長く働き続けられることにつながる。

仕事にのめりこみすぎてうつ病や双極性障がいになった人など，だれにでも“働きづらさ”を抱えることはありえる社会になっている。正社員になって働いたことのない人が初めて正社員となり，プレッシャーでうつ病になることもあるそうだ。もはや，私たちはこの“働きづらさ”のある社会から目を背けることは出来ない。「大丈夫」と，多様性を受け入れることが必要なのだ。

偉大なる失敗　天才科学者たちはどう間違えたか

マリオ・リヴィオ著　千葉敏生訳　早川書房　2015　¥2,400（税別）

松本佳奈
広島県立図書館

チャールズ・ダーウィンやアルベルト・アインシュタイン。天才と呼ばれるような科学者たちの偉大な業績と偉大な失敗をご存じだろうか。

本書はダーウィンから始まり，さまざまな科学者たちの業績と過ちをたどりながら，最後にアインシュタインの過ちを考察している。天才アインシュタインが犯したとされる「最大の過ち」とは何か。一般的には，相対性理論に宇宙定数を導入したこと（後に削除されている）をアインシュタインは「最大の過ち」と悔やんだと言われている。しかし著者は，その逸話に疑問をなげかけている。①最大の過ちの話の出所が，自分の話を盛ることで有名な人物の発表であること。②アインシュタインが残した私信や論文をチェックしたところ，「最大の過ち」とそれに類する言葉が使われていないこと。この2点から著者は，アインシュタインは宇宙定数を最大の過ちと考えてはいなかったと結論づける。では，最大の過ちとは一体何なのか。ぜひ，本書を読んで確かめてもらいたい。

彼らの過ちには，私たちでも日常的にやってしまうような過ちが含まれている。業績だけではなく，過ちに着目することによって，天才科学者たちがただの人であったことも伝わってくるので，伝記のように読むこともできるだろう。過ちを丹念に検証するため，著者が文献にあたる様子も本書の読みどころの一つだ。参考文献や原注はもちろん充実している。科学者同士の議論の説明があるので，手紙や発表された論文を利用して，科学者たちが活発な意見を交わしていたことが伝わってくる。自分の関心のある章のみを読むつもりが，ついつい他の章も読みたくなり，最終的には全部読んでしまう。そんな，人に読ませる構成となっている。なお，本書は文庫版も販売されている。選書の際のご参考までに！

中谷宇吉郎随筆集

樋口敬二編　岩波書店（岩波文庫）　1988　¥850（税別）

小野　桂
神奈川県立川崎図書館

この本のここに書いてあった本を読みたくなって読むと，また次の読みたい本が見つかるというような，読書のあやとりというかしりとりというか，そんな経験は，本好きの人ならきっとあることだろう。

今回の最初の一投は，科学書を読み解いていく高野文子著『ドミトリーともきんす』(中央公論新社　2014) だった。漫画だと思って気軽に借りたら意外に難しく，それでも，紹介されていた中谷宇吉郎の随筆「簪を挿した蛇」に少し興味を惹かれたので，『中谷宇吉郎随筆集』に進んでみた。

不勉強なもので，中谷宇吉郎という人を初めて知った。雪の研究で有名な物理学者で，東京帝国大学で寺田寅彦に師事した人だそうだ。寺田寅彦も読んだことがなかったわたしは，「天災は忘れた頃に来る」という言葉は寅彦の言っていたことだというのを，これで知った。

窓ガラスが割れて雪まじりの冷たい風が吹き込む汽車で，乗り合わせた客が「戦争に敗けたんだから仕方がない」とつぶやいた話を導入に，なんでも敗戦のせいにする風潮に異をとなえ，今の困難はわれわれ自身がもたらしたものであるという自覚をうながす「硝子を破る者」など，心に響く文章が多くあった。「簪を挿した蛇」も，全体を読むと先の本に引用されていた部分がずいぶん違う印象になった。なかでももっとも心に残ったのは，「線香の火」という短文だ。地方の高校に赴任してゆく卒業生たちに，研究を続けることが大切なのだから「線香の火を消さないように」という言葉を贈っていた師・寺田寅彦を回想して，中谷は「現在の日本の研究費および施設は，世界での『地方の高等学校』である。それなればこそ，われわれは線香の火を消してはならないのである。」(p.275) と書く。――それから 60 年余り，今の“日本の研究費および施設”はどうだろう。

さて次は。寺田寅彦を読んでみようと思う。

社会学への招待

ピーター・L・バーガー著　水野節夫，村山研一訳
筑摩書房（ちくま学芸文庫）　2017　¥1,200（税別）

鈴木章生
オーテピア高知図書館（高知県立図書館）

「社会のことを学びたい」との動機から，社会学という学問領域に立ち入る間違いをしてしまうことがある（実は私もその一人）。社会諸科学の一つとして社会学があるとする分類上の位置付けを理解せず，「学校の勉強なら社会が好き」といった感覚程度でこの学問を学ぼうとするなら，たちまち選択の誤りに気付くこととなる。そのような招かざる初学者にさえ，「社会」を研究対象とする学問の意義と方法論を魅力的に語りかけ，社会学という知的ゲームへ招待してくれるのが本書である。幾度か版を重ね，既に古典の域にあるが，文庫本となったのを機にあらためて紹介したい。

社会学が対象とする「社会」とは何か。本書はこのことに数章を割き，古典理論を紐解きながら方法論の枠組みを読者に与える。ごく簡単に論を切り取れば，「社会」とは，客観的事実として存在する「もの」（外的強制）であり，内面化されたアイデンティティや思想（内的強制）であり，また，人々が内的，外的強制に縛られながらも，選択的に役割を演じることで成り立つ不安定なドラマである。これらのモデルは学問上の異なるアプローチによるものであるが，いずれにせよ社会学においては，マックス・ウェーバーの「価値自由」の伝統に従い，対象を純粋に知覚しようとする。

この学問的営みに対しては，「無神経でどっちつかず傍観者」とのイメージがつきまとうが，本書は社会学の人間学的な意義にも迫る。それは，「社会」を認識するという行為にこそ，「自由への第一歩」があるとする慎重な結論に端的に表れる。

社会学の冷徹なまなざしは，「社会」を言語化し，時に鮮やかに相対化してみせる。知は無知より，あらゆる意味で可能性をもたらすと考えるなら，社会学は多様性の強力な味方となりうると信じる。基本書として推薦したい。

描かれたザビエルと戦国日本

西欧画家のアジア認識

鹿毛敏夫編　勉誠出版　2017　¥2,800（税別）

中村知美
栄光学園中学高等学校図書館

ザビエルときいて最初に思い浮かべるのは胸の上で手を交差させ少し上を向いている肖像画ではないだろうか。恥ずかしながらカトリック学校に勤めるまで私はこれくらいの印象しかなかった。

この肖像画は17世紀初めに描かれた「聖フランシスコ・ザビエル」という作品で神戸市立博物館に所蔵され重要文化財である。ザビエルの手元にあるハートは「燃え上がる心臓」であり煉獄からの救済を暗示しているのだとこの本で知った。

Ⅰ章では17世紀初頭ポルトガル人画家アンドレ・レイノーゾとその工房による20点の連作油彩画が解説されている。イエズス会の誕生の場面から布教のため出帆し航海の様子，インドを経て日本での活動，中国で亡くなるまでを描いており，ザビエルの生涯を追うことができる。この中で日本を描いているのは3点あるが，かろうじて和服にみえる着衣の他は建物は完全に西洋風で，喜望峰を回る航海ルートが確立され既に交易をしていたインドに比べると正確に認識していなかったように判読できる。

Ⅱ章以降はザビエルの出身地のバスク地方の歴史，日本での大名との面会，ザビエルが去った後の豊後国府内（現在の大分市）で教会・育児院・病院が設立されるなどキリスト教の発展，ポルトガル人による東南アジア・中国への海上貿易，宗教画についてとさまざまな視点で語られる。B5サイズで図版も大きくカラーで掲載されとても見やすい。これまでの先行研究にも言及しており導入的な1冊としても読める。世界史・日本史・美術史・宗教史と点々としていた知識が改めて編まれつながっていくように感じた。

今年「長崎と天草地方の潜伏キリシタン関連遺産」が世界遺産に登録された。ザビエルが日本に滞在したのは戦国時代後期1549年からわずか2年3か月だったが信仰は確かに根付いている。

外国人労働者受け入れと日本語教育

田尻英三編　ひつじ書房　2017　¥1,700（税別）

※現在はKindle版のみ販売中

村上由美子

田原市中央図書館

私の家は道路に面していて，窓を開けていると道を行くひとびとの声が聞こえる。子どもや若者，年配の方，時々猫の声もする。聞こえる言葉も日本語だけではない。中国語やポルトガル語，どこの言葉かわからない言葉。もう何年も前からすっかり日常となっている。

厚生労働省が公表している「外国人雇用状況」によると，2017年10月現在の在留外国人労働者数は1,278,670人である。この数は年々増加している（滞在者数は200万人を優に超える)。「外国人が増加している」という表現は「自然に増えてきている」ととらえてしまいかねないが，国の施策として日本で働く外国人を増加させていることに加えて，外国人受け入れ施策がダイナミックに進んでいることが本書を読むととてもよくわかる。施策が推進される一方，いろいろな問題も存在している。

本書では特に日本語教育の施策が遅れをとっていることに焦点を当て，日本語教育関係の研究者など9名がさまざまな側面から提言を行っている。編者の田尻英三氏は「2014年の日本再興戦略以来，新たな外国人労働者の受け入れ施策が作られたが，相変わらず彼らに対する日本語教育は，ほとんど具体的な施策はないままである。」（p.iii）と書く。

私は自分の住む市の国際交流協会の日本語教室ボランティアをしているが，いろいろな立場で働く多くの外国人にボランティアという立場で教えることの限界を感じている。この点について田尻氏は「その地域の行政機関が日本語ボランティアを支援する体制を国家レベルで作成すべき」（p.70）と提案している。

超党派の「日本語教育推進議員連盟」が「日本語教育推進基本法（仮称)」を議員立法で制定しようとしている*。外国人労働者を「人材」としてだけではなく共に日本に住むひとびととして受け入れるには日本語教育の整備はもっとなされるべきだ。日本語教育関係者たちのそう望む声を本書は知らせてくれる。

*「日本語教育の推進に関する法律」は2019年6月21日成立，28日に公布・施行

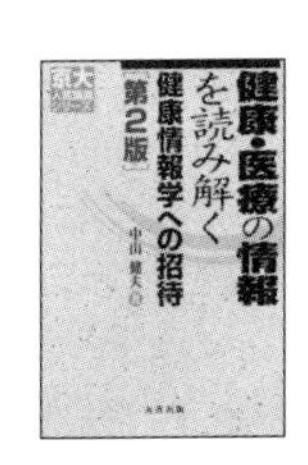

健康・医療の情報を読み解く

健康情報学への招待　第２版

中山健夫著　丸善出版　2014　¥2,000（税別）

川崎かおる

岩手医科大学附属図書館

「失って初めて健康のありがたみがわかった」とはよく聞く言葉だが，普段，健康を意識して生活している人はどれくらいいるだろうか。健康とは，身体的，精神的，社会的に満たされた状態のことであり，その情報を読み解く力を「ヘルスリテラシー」と呼ぶ。日本人のヘルスリテラシーは他国に比べ低いことが複数の調査結果で示されているが，海外では幼児からヘルスリテラシー教育を実施している国も多い。健康・医療情報は最も身近なものであるにもかかわらず，日本においては敷居の高いものになってしまっている。ヘルスリテラシーには，具体的に健康・医療情報の「入手」「理解」「評価」「活用」などのスキルが必要で，本書はその習得の一助となるものである。

医療・健康情報にはエビデンス（根拠）が必要とされ，それを見極めるには，統計学，疫学などの知識が必要となる。既に難解な言葉が並び，拒否反応が出る方もあるかもしれないが，著者は身近な例を挙げ，専門知識を意識せずに情報の見方，判断の仕方をわかりやすく解説している。例えば，「胃がんの原因となる食べ物について調べたところ，唯一全員が食べていた物は米であった。よって米は胃がんの原因と考えられる。この推論の落とし穴は何か」など，読むことで自然と考え方を学べる流れになっている。

ヘルスリテラシーを身につけ，より質の高い情報を入手できるようになることで，健康の維持，病気の予防・治療などについての意思決定を助け，生活の質の向上に役立てることができる。健康に不安があり，雑誌やテレビの広告が気になっている方にこそ，本書を手に取っていただきたい。ポイントは「きちんと疑うこと」で，「ものの『疑い方』を学ぶことは，その『信じ方』を学ぶことでもある」（p.191）という言葉が，ヘルスリテラシーの本質を表している。

オムライスの秘密メロンパンの謎
人気メニュー誕生ものがたり

澁川祐子著　新潮社（新潮文庫）　2017　¥590（税別）

髙井　陽
新宿区立こども図書館

最初に，この本は『ニッポン定番メニュー事始め』（彩流社　2013）の改題であることをお断りしておく。

この本の目次には「カレー」や「生姜焼き」など，日本人なら誰もが一度は口にしたことのある料理が表題を含めて28種類ほど並んでいる。著者は，それらがいかにして日本に流入し，そして今の形に定まっていったかを，俗説を交えつつ，資料の裏付けをもってそのルーツにたどり着こうと挑んでいる。

たとえば「クリームシチュー」の項目を見てみると，著者はまずシチューの歴史から紐解こうとするが，しかし資料がほとんどないことで早々に行き詰まる。そこで，料理を食材にまで巻き戻し，牛乳の普及の視点から到達を試みる。さらに世界の類似料理へと目を向け，最終的に日本独自の料理ではないかという結論に至っている。では，日本でクリームシチューが広まった理由は…一つの答えが次の疑問へとつながり，真相へと迫っていく。

巻末には11ページにわたる＜参考文献＞が列記されている。源流にたどり着こうと奮闘する著者の姿勢に，執念すら感じてしまうのは私だけだろうか。感服せずにはいられない。同時に，日々少しずつ変化していく庶民文化を記録しておくことの大切さと難しさにも気付かされる。

食そのものの魅力もさることながら，取り入れたものを独自に消化し，アレンジを加えて発展させるという日本人の発想力のすばらしさを，改めて感じられる1冊である。

ところで，表題にある「メロンパン」だが，実は形も内容もまったく違う2種類のパンが存在することをご存知だろうか。その謎と正体についてもこの本で明らかにされているので，ぜひご自身の目で確かめていただきたい。

「ういろう」にみる小田原
早雲公とともに城下町をつくった老舗

深野彰編著　新評論　2016　¥1,800（税別）

高橋彰子
大磯町立図書館（神奈川県）

本書は小田原の老舗「ういろう」の歴史を軸に小田原の文化を描き出し，これからの小田原のまちづくりを考えていこうというものである。

「ういろう」と聞いて何を思い浮かべるであろうか。歌舞伎，お菓子，でも小田原？ とお思いの方も多いかもしれない。

時代を遡ること室町時代。元王朝の高官であった陳延祐が明王朝への交代期に亡命，博多に居を構え，中国での役職名をとって「外郎（ういろう）」と名乗った。以来歌舞伎十八番「外郎売」で知られる薬の「ういろう」と，もともとは外郎家が客人をもてなすために作ったお菓子「ういろう」を扱ってきたのである。

外郎家は大陸から博多へ渡り，その後室町幕府の招聘に応じ京へ，そして北条早雲に招かれ小田原へ移る。この歴史をたどると，その時代の大陸や各地の交易，文化，政策など，違った角度から歴史を楽しむことができる。

また外郎家は，家業を継承していく上で，地域や文化とのつながりを大切にしている。優れた医薬と各地とのつながり，知識を生かし地域に貢献してきた。650年も続いてきた外郎家の秘密が，これからのまちづくり，文化の継承をどうしていくかという問題のヒントになるかもしれない。

外郎武氏は今後のまちづくりとは「人をつなげる場，創造を培う場，それを世界に披露する場，これらの場づくりを市民が行っていくこと」（p. 294）だと言う。地域の人々が集い縁を結んでいく中で，地域の伝統を守りつつ，新たな要素を加え次へ伝えていく。地域に根ざした図書館や，それをサポートする市民の活動にも通じるものではないだろうか。

小田原のういろうから図書館にも思いを馳せられる1冊。「ういらうはいらつしやりませぬか。」（「外郎売」より）

清張鉄道 1 万 3500 キロ

赤塚隆二著　文藝春秋　2017　¥1,500（税別）

仲　明彦
京都府立洛北高等学校

「登場人物の足跡を辿ってみたい。」松本清張以上に，この衝動を掻き立てる作家を私は知らない。そして登場人物のほとんどが鉄道に乗車する。

「では一体，作中の鉄道乗車場面はどのくらいあるのか。誰がどこの路線に乗ったのか。それらの総計距離はどれくらいになるのだろうか」（「清張と鉄道」展図録，p.8）。清張ファンの誰もが抱くその疑問に取り組んだのが，本書の著者の赤塚隆二氏である。

氏は清張作品中，登場人物たちが鉄道乗車する場面をことごとく拾い出し，そのうちから最初に登場した線区・駅間を抽出（本書では「初乗り」と呼ぶ）し，登場人物が乗った駅，降りた駅，その間のキロ数を一覧性のある表と地図にまとめた。そして「初乗り」が登場するのが 100 作品，総計距離が 1 万 3551.8km であることを示したのである。清張作品と鉄道との親和性は常に語られてきたが，このような網羅的な研究成果を示したのは氏が初めてだろう。本書は，その一覧表と地図を資料として掲載し，さらに登場作品を氏の独自の視点で時代区分し，鉄道乗車場面を中心に，作品発表順に解題したものである。

本書の魅力は，資料的価値はもちろんのこと，秀逸な鉄道シーンの抜き取りと，それに付した氏の絶妙な一文。清張がそこに託した，日本の風景，社会の断面，懸命に生きる人々の姿が浮かび上がってくる。既読の書は再読，未読の書は一読へ，そして登場人物の足跡を辿る旅へと誘う格好の清張ブックガイド。ぜひ清張作品と一緒に棚に並べてほしい。

氏のこの研究は，2015 年に北九州市立松本清張記念館が主催する「第 17 回松本清張研究奨励事業」に入選し，2017 年に同館が企画展「清張と鉄道－時代を見つめて 小倉発 1 万 3500 キロ」を開催したことも付記しておきたい。

ふわとろ SIZZLE WORD「おいしい」言葉の使い方

B・M・FT ことばラボ編

B・M・FT 出版部　2016　¥1,800（税別）

今井つかさ
厚木市立中央図書館

あなたはどんな食べ物が好きだろうか？ ふんわり？ とろーり？ なめらか？ パリパリ？ もちもち？ おいしいというのは人それぞれ。それを隅々まで言葉にしたことがあるだろうか？ この本は食べたくなる，思わずそそられる描写「シズル」の探求本。そもそも私たちは「おいしい」をどうやって感じているのだろう？ 主に味覚と目でとらえる視覚，その後，香ばしい香りの嗅覚や食感の触覚そして聴覚が続く気がする。食べるということは生まれながらに備わっている行為で何気なくて自然だ。これからお米を食べるぞ。全身で味を感じるぞと構える行為ではない。

しかし「おいしい」をつくるプロ目線で考えたらそれはガラリと変わる。本書に登場するプロの方々は食べる人が「おいしい」と感じるよう秒単位，ミリ単位，グラム単位で調整を行う。きっちり数値に落とし込む。経験値で仕上がりをそろえる。プロの研鑽があってこそ洗練された味が生まれることが改めてわかる。

「おいしい」言葉を考えるという章では 6 名の専門家の分析が繰り広げられる。キャッチーな雰囲気のこの本で論文調の考察が読めるとは。参考文献が豊富に載っているのも嬉しい。気になるポイントから世界を広げることができるのだ。

また別の章では「おいしい」目線の映画と本の世界の考察。食べ物起点で見たくなる映画や読みたくなる本にきっと出会える。最後にはシズルワードの字引き。これほど多角的に「おいしい」が詰まっている本がかつてあったであろうか？ この本が生まれたのは筆者がマーケティングリサーチ会社を経営しているからこそであろう。15 人が語り，5 人が書いて，10 人で作った本である。まさに「おいしい」がバラエティに富んでいる。あなたも「おいしい」言葉の世界にでかけてみてはいかがだろうか？

ごみ収集という仕事
清掃車に乗って考えた地方自治

藤井誠一郎著　コモンズ　2018　¥2,200（税別）

遠藤桂花
大石田町立図書館（山形県）

私たちは日々生活する中で，さまざまなごみを出し続けている。普段何気なくごみを集積所に出しているが，誰もが利用するサービスでありながら，ごみ収集の現場がどのようなものか詳しく知る人は少ないだろう。

本書は，自治労の「次世代を担う研究者」に採用された著者が，なかなか表舞台には上がってこない清掃行政に注目し，特にごみ収集に焦点を当て，地方自治のあり方を問う一冊だ。「現場主義」を貫き，9か月間にわたり，新宿区内のごみ収集の現場に入った著者は，ごみ収集を中心に清掃指導や環境学習などを体験する。その中で，清掃職員は実に多様な業務を担い，危険と隣り合わせの過酷な収集現場を受け持つことを知る。また，清掃職員と共に働く中で，職員の信念や地域住民への配慮，職員同士の団結力といった細かな様子が語られる。スムーズに進む清掃業務の裏には，一朝一夕では身につかない清掃職員の技術があり，それは今や公共の財産となっている。

民間委託の問題は，地方自治のあり方を考える本書の第二のテーマだ。収集の経験や住民への説明対応，そこから培われる専門知など，これまで潜在的に享受していた現業職員の人的恩恵をどのように維持していくかが大きく問われる。本来収集業務と清掃指導業務が密接に関係しあい，サービスが向上していくはずが，現在の委託化の仕組みでは，両者が分断され，サービスの質の低下を招きかねないと著者は危惧している。

決して表には表れない“見えない”所での業務について，実際に現場に入りリアリティをもって報告した本書は，現場からの声を継続的に発信することが周囲の理解を生み，よき地方自治の担い手を育てることを身近な視点から教えてくれる。私たちも可視化や実態を伝え続ける努力を忘れずに業務にあたりたい。

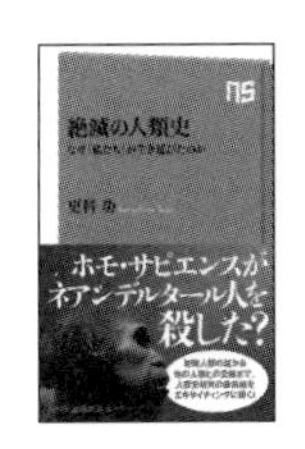

絶滅の人類史　なぜ「私たち」が生き延びたのか

更科功著　NHK 出版（NHK 出版新書）　2018　¥820（税別）

関根真理
東京都立大江戸高等学校

現在，世界に人類は「ホモ・サピエンス」しかいない。チンパンジーと共通の祖先から分化して 700 万年の間にわかっているだけで 25 種もの人類がいたが，すべて絶滅してしまったのだ。この本はこの 700 万年の人類の歴史を，最前線の研究をもとに素人でも大変わかりやすく書いてある。

人間は現在地球を制覇している。環境問題を引き起こし，他の生物を絶滅に追いやるほどの傍若無人ぶりだ。しかし，誕生したころの人類はひどくひ弱な存在だったらしい。豊かな森にいれば，捕食動物もおらず，果物などの食料も豊富だった。でも，気候が乾燥化して森林が減った時，他の類人猿ほど木登りがうまくない人類は，森を追われ，疎林という危険な場所で生活せざるを得なくなってしまったのだ。そこで人類は「直立二足歩行」への道を歩んでいくのである。「直立二足歩行」へと進化を遂げたのは地球の長い生命史の中で後にも先にも人類だけなのだそうだ。なぜなら，「直立二足歩行」には，捕食者に見つかりやすい，走るのが遅いなどデメリットがあったからだ。それなのに，なぜ人類は「直立二足歩行」になったのか？ メリットはあるのか？ なぜこの弱っちい動物が地球を制覇することなどできたのか？ 発掘された骨や石器，現在のヒトや類人猿のデータなどから仮説をたて類推していく過程はまるで，推理小説を読んでいるような面白さがある。

そして，意外だったのが，人類は本来仲間と争うことを好まない「平和な生物」なのだということ。「血塗られた歴史」は人間の本性ではなかったのだ！ 「人間は一人では生きていけない」とはよく言われることだが，人類の進化の歴史を考えると「なるほど」と納得できた。私のように「理系」の本は少々苦手な人でも一気に読める本だ。数々の偶然と運も重なった，人類進化の歴史は本当に面白い。

世界を変えた100の化石
大英自然史博物館シリーズ1

ポール・D・テイラー，アーロン・オデア著　真鍋真監修
的場知之訳　エクスナレッジ　2018 ¥1,800（税別）

柴田わかな（旧姓：堀尾）
名古屋市名東図書館

今夏の暑さは異常であった。「命に関わる」という言葉を耳にするたび，暗い疑問が頭をよぎった。温暖化の進行によって，いずれ人類は滅びてしまうのではないだろうか，と。

けれども，大規模な気候変動は，地球の長い歴史から見れば決して珍しいことではない。化石は昔の地球の姿や，そこで起こった出来事を教えてくれる物言わぬ証人である。化石を調べることで，地球という一つの生命体が，はるか昔から寒冷化と温暖化を繰り返してきたこと，そうした環境の変化を背景に，生物たちが進化と絶滅のドラマを繰り広げてきたことがわかる。

この本は，大英自然史博物館のコレクションを中心に，微生物から始祖鳥，人類の祖先にいたるまで，生命史の節目を語る100の化石を紹介した本である。著者は同博物館の学芸員と古生物学者。美しい化石の写真とともに，その生物がどのように誕生し，滅んでいったのか，ウイットに富んだ解説で楽しませてくれる。また，時系列にそって化石が並んでいるため，ページをめくるごとに生命進化のドラマが目の前に繰り広げられるようである。たった一つの化石が，生命史の穴を埋める重要なミッシングリンクとなることもあれば，これまで信じられてきた常識を覆してしまうこともある。この本を読むと，生物の世界には絶対的な真理や常識など存在しないのだと感じさせられる。

さて，地球上に誕生した99％の生物種はすでに絶滅しているが，何億年も形を変えずに生き続けているカブトガニのようなものもいる。著者はその形態の完全性を，「壊れていないものは直すな」という英語のことわざで表現している（p.113）。果たして人類は壊れているのかいないのか。数百万年後には，答えが出ているかもしれない。

100歳の美しい脳　アルツハイマー病解明に手をさしのべた修道女たち　普及版

デヴィッド・スノウドン著　藤井留美訳　DHC　2018　¥1,600（税別）

大石美和子
秋田市立新屋図書館

国際アルツハイマー病協会は「世界アルツハイマー病レポート 2015」の中で，2050年には2015年発表当時の3倍，1億3150万人が認知症になると予測している。

認知症の研究は世界中で行われており，中でも，1986年から始まり現在も進行中の「ナン・スタディ」はとても興味深い。ナンとは修道女を意味する英語で，同じ食事をし，同じ活動をして，共に起き，共に寝る，規則正しい生活を繰り返す修道女678名を対象に，加齢とアルツハイマー病について調べ続けているのである。参加者は75歳から106歳までで，定期的に身体能力と精神能力の詳しい検査を受ける。そして亡くなったあとには脳を取り出して解剖することにも同意している。つまり，修道女たちの献身的な協力によってはじめて為し得る研究なのだ。

かつてないこの長期にわたる研究で，これまでの通説の数々がどう変わるのか（もしくは変わらないのか），認知症に大きく関与する遺伝子を保有し，脳に変化が表れても，認知機能が衰えない人，その違いは何かが明らかになってくるだろう。

人は誰しも，ただただ長生きがしたいわけではない。本を読み，旅行へ行き，考え，表現し，食事も排泄も人の手を借りずに行い，大切な人たちと離れることなく生きていきたい。生きることに純粋で前向きな修道女たちの人生がヒントを与えてくれるかもしれない。ナン・スタディを行う研究者によるこの本は，認知症の家族の在宅介護を経験し，自分も病気をした私に，ふとしたとき，健やかに老いることの意味を考えさせてくれる。

ナン・スタディのモットーは「最後まで人生を生きられますように」（p. 19）。そこには，科学的な研究ではあるが，数値では表せない想いが影響していることは間違いない。

胃袋の近代　食と人びとの日常史

湯澤規子著　名古屋大学出版会　2018　¥3,600（税別）

長谷川拓哉

ゆうき図書館

石垣りんの詩が好きである。当館の名誉館長である新川和江の詩ももちろん好きである。両詩人とも市井の視座から言葉を紡ぎ，人間味の溢れる詩として結実させている点が特に好きなのだろう。

本書のあとがき，著者は石垣の詩「くらし」を引いている。「人間にとって，最も重要かつ日々逃れられない性の一つである」（p.321）食べることを丹念にとらえた詩である。本書を読後，人びとの暮らしの本質は生きることであり，同時に食べることであることを改めて意識した。

特に「食と都市化」が書かれた第 1 章「一膳飯屋と都市」が興味深い。以下は，林芙美子の自伝的小説『放浪記』に描かれる大正期の新宿における一膳飯屋の風景である。

十銭玉を握りしめたドロドロに汚れた服装の年恰好四〇前後の出稼ぎ労働者に対し，大きな飯丼，葱と小間切れの肉豆腐，濁った味噌汁が十五，六歳の女中により提供される。「労働者にこれだけの量で足りるのだろうか」。そのように見ていた「私」であるが，私とて広島・尾道から一人で出てきたカフェーの女給である。

この登場人物 3 人はみな，それぞれ東京で働き，自らの胃袋を自らによって「満たす必要がある人びと」（p.22）であり，こうした人びとが集まる場所が「一膳飯屋」という社会システムだったのだろう。

翻って，現今，食事を取り巻く「こしょく」（孤食・固食・個食など）環境があり，打開策のひとつとして「子ども食堂」の取り組みが注目されていることも興味深い。

なお，著者には，『在来産業と家族の地域史』（古今書院　2009）という結城紬生産における家族の役割についての著作もある。本書第 3 章以降の理解につながるため，本書との併読をおすすめしたい。

思うは招く
自分たちの力で最高のロケットを作る！

植松努著　宝島社　2016　¥1,200（税別）

深村清美
滝川市立図書館

人口1万人の過疎化が進むまち・北海道赤平市にある植松電機は，従業員18名の小さな町工場で，宇宙開発という大きな夢のある仕事をしている。ロケットエンジンや人工衛星を製作したり，無重力施設まで備えている。あのNASAやJAXAからも，この会社を訪れ職場見学をしていくというのだから驚きである。著者の夢は「どうせ無理」という言葉をなくすこと。自信を砕き，夢を奪うこの一言を，自分自身が何度も大人たちから投げかけられてきたからこそ，諦めなければ宇宙開発ですら実現できるということを伝えたかったのだ。

可能性を信じ続け，未来をつかんだ人の言葉は説得力と重みがある。見開きの頁ごとに読者を応援し背中を押してくれる言葉が綴られており，特に私が心に残った言葉は「大事なのは，できるか，できないかで『選ぶ』のではなく，やりたいか，すべきかを『考える』ことです」（p.96）である。図書館に置き換えるならば，予算がないから，人がいないからと，とかくできない言い訳を探しがちであるが，どうやったらできるかを考える方が前向きで良い結果を生むのではないだろうか。「きっとできる!!」そう信じることから，何かが生まれるのである。また，この本の内容はインプットするだけではなく，ぜひアウトプットすることをお勧めしたい。勇気を持って一歩を踏み出すことが夢の実現につながる最善の方法である。人口規模も運営体制も違う全国の図書館が，それぞれの館の個性を生かし，やりたいこと，すべきことを考えて，スタッフ一人一人の心から「どうせ無理」を払拭できたなら，これほど目覚ましい図書館活動の改革や推進はないだろう。

これからの未来を担う子どもたちや若者はもちろんのこと，もう夢など見るのを忘れてしまった大人にこそ読んでもらいたい。「思うは招く」の題名にすべてが込められている。

私とは何か　「個人」から「分人」へ

平野啓一郎著　講談社（講談社現代新書）　2012　¥740（税別）

村上祐子
奈良育英中学校・高等学校図書館

我々は，いろんな人と共に生きている。自室を出れば家族，家を出ればご近所さん，電車に乗って，次は学校や職場…。それらの場所で，すべて同じ「顔」で過ごすわけがない。その場にふさわしい人物として，意識的に，無意識的に，その場の「自分」を振舞っている。

本書は，そんなさまざまな「自分」を肯定し，生きやすくしてくれる。まず，所謂この「キャラ分け」に「分人」という名前が付いている。タイトルの造語である。その複数の「分人」の構成比率によって「自分」は決定しており，対人関係ごとに見せる複数の顔がすべて「本当の自分」である，と著者は言う。例えば愛することも，「その人といるときの自分の分人が好き」という状態（p.136）であり，好きな人との「分人」は，やはり生きやすく心地よいものとなる。逆に，いけ好かない人とは嫌な「分人」が生じる。すべて自分との交渉によって生じたものであるから，己を省みる材料となる。自己分析に余念がない思春期にうってつけの本である。

さらに，「分人化」は故人にも，本や画面の中の人物にも当てはまる。亡くなった親族との「分人」を大切に取っておけば，より故人とつながった感覚で遺影に語りかけられるし，影響を受けたあの登場人物からの鼓舞だと思うことで，その「分人」は新しい一歩を踏み出すことも可能だ。顔色を気にせざるを得ない，リアルな誰かに出しづらい「分人」は，二次元で解消可能。個人的には，神やAIとの「分人化」が今後非常に気になる。ともかく，所蔵冊数分の友人が期待できる図書館は一層心地よい場所になること間違いなしである。

この本自体も，読んだ人の「分人」となり，その構成比率に影響を与えうるだろう。「分人」分析に加え，著者の過去執筆作とリンクさせて話は進むので，一作家の軌跡としても楽しめる本である。

シリアの秘密図書館
瓦礫から取り出した本で図書館を作った人々

デルフィーヌ・ミヌーイ著　藤田真利子訳
東京創元社　2018　¥1,600（税別）

井上三奈子
湘南白百合学園高等学校

装幀：中村聡

昨年10月，内戦下のシリアで拘束されていたジャーナリスト安田純平氏が約3年4か月ぶりに解放された。この報道の直前に読んだのが本書だ。

長年シリアを取材してきた著者はたまたまFacebookで「ダラヤの秘密図書館」とキャプションのついた写真と出会う。写真には本棚に囲まれた部屋でごく普通の青年たちが熱心に読書をする様子が写っていた。しかし，ジャーナリストの著者にとってダラヤは反逆の町であり，包囲された町であり，飢餓の町であった。そのような町で読書をする青年たちの姿に好奇心を刺激され，著者は撮影者アフマドと連絡を取ることに成功する。

2015年ダマスカスから7kmしか離れていないダラヤでは市民がアサド政権に対抗して籠城していた。シリアの反政府軍というとISのような残虐なテロリストを真っ先に思い浮かべるが，彼らは自由を求める普通の市民である。

政府軍の攻撃で地上の建物は破壊し尽くされ，市民は地下で生活している。また，町は包囲され，国連の援助さえも届けられない。死の恐怖と飢餓の中でアフマドを中心とする若者たちは瓦礫の中から本を掘り出し，地下に図書館を作った。極限の状況下で精神の均衡を保つために彼らは地下の図書館で貪るように本を読む。そして自由とデモクラシーを求める気持ちを維持し続けるのだ。

やっとつながるインターネットで著者は丹念に彼らにインタビューし政府軍の残虐な攻撃，それに知で対抗しようとする青年たちの活動を伝える。当初，読書に馴染みのなかった若者たちが図書館を作り，そこから希望を生み出してゆく姿は大変感動的だ。

本書は遠い国の内戦に関心を持ち心を寄せ続けるために，ジャーナリストの果たす役割は大きいと教えてくれる。

ミュージアムの女

宇佐江みつこ著　KADOKAWA　2017　¥1,200（税別）

小川訓代
豊橋市中央図書館

美術館へ行き，入場料を支払い，展示室で作品を眺めていると，ふと気がつく。かたわらにひっそりと，でもしっかりと作品と我々来館者を見守っている人がいることに――。

本書は岐阜県美術館の「監視係」として働く女性が主人公である。「監視」と聞くと何となく緊張してしまうが，来館者との会話や交流，美術館で働く人たちの普段の様子が，ほのぼのとした雰囲気で描かれた四コマ漫画なのでご安心を。

監視係と言われても「展示室のすみっこにじっと座っている人」くらいしかイメージを持っていなかった。本書を読んで，他にも表からは見えないさまざまな業務があり独特の気遣いをしているのだと知った（図書館員だってカウンターに座ってピッと本のバーコードを読み取っているだけではないのだから当たり前の話だが）。

展示されている作品について勉強し利用客からの（時にマニアックな）質問に備える。鑑賞の邪魔にならないように存在感を消しつつ作品の安全に細心の注意を払う。館内で見つけた虫はすべて捕獲し報告する。まだまだあるが紹介しきれないので本書で確認してほしい。

美術館というと堅いイメージだが，この漫画ではゆるくてふわっとした利用客と美術館職員の日常を描き出している。作者の美術作品への敬意と美術館に訪れる人々へのあたたかい眼差しが感じ取れるエピソードが満載である。

美術館だからといって構えず普段着感覚でふらっと来てほしい，作品との対話を楽しんでほしいという作者の優しい気持ちが伝わってくるところが，この漫画の一番良いところだ。

読んでいるうちに本書の中にたびたび出てくるオディロン・ルドンの作品「蜘蛛」を見に行きたくなったが，残念ながら岐阜県美術館は2019年11月まで改修工事のため休館しているそうだ。リニューアルオープンされたら本書を持って訪れたい。

「若者」をやめて，「大人」を始める

「成熟困難時代」をどう生きるか?

熊代亨著　イースト・プレス　2018　¥1,500（税別）

小平彩実（旧姓：松倉）
八戸市立図書館

「子ども」と「大人」，その違いはよくわかる。しかし，それが「若者」と「大人」となるとどうだろうか。年齢や言動，体格など「子ども」と「大人」の違いを明確にしえた指標では，一概に両者の違いは測りきれない。境界線もあいまいだ。なにが「若者」を「若者」たらしめ，なにが「大人」を「大人」たらしめるのか。そもそも「若者」には“やめる”必要が，「大人」には“始める”必然があるのだろうか。

「『なんにでもなれる』感覚が『大人』を遠ざける」(p.63) と筆者は本著で語っている。「完成された何者か」になるべく，「若者」はあれでもない，これでもないと自己探求に野心を燃やし，「若者」の延長に励む。「気が付いたらもう“いい齢”」（帯）と自らの加齢を実感してもなお，揺るがないアイデンティティを確立させずして「大人」にはなれない，と「大人」になることへのハードルを自ら高く引き上げる。そして，さらなる成長を自身に期待し，「若者」を続投する。

筆者はそんな「若者」をやめられない「“いい齢”の若者」の心理的背景に接近し，彼らが抱える困難に寄り添う。そして，「大人」という社会的存在が背負う，責任や使命の重たい面だけを意識する彼らにこう「大人」をプレゼンする。「『大人』になるのもそんなに悪いものじゃないし，これはこれで面白い境地ですよ」(p.8)。「大人」をひき受けなければ味わうことのできない幸福の可能性を示唆する提言の数々は力強く，優しい。

筆者が「成熟困難時代」と呼ぶ現代にはさまざまな課題がある。「大人」の担い手の減少が一因となっている問題も少なくないだろう。自分自身について自覚的になるべく，一度まっさらな鏡を見つめてみることこそが，私には「大人」をはじめる一歩に思えてならない。

出会い系サイトで70人と実際に会ってその人に合いそうな本をすすめまくった1年間のこと

花田菜々子著　河出書房新社　2018　¥1,300（税別）

山成亜樹子
神奈川県立図書館

学校図書館に勤務していた頃，先生や生徒から「何か，おすすめの本はありませんか。」と尋ねられることがよくあった。どのような本を読みたいと思っているのか，これまでに読んだ本の中で，気に入った作者や作品はあるのか…雑談を交えながら書棚を歩き回り，おすすめの本を探していくことは，難しさを感じつつも，幸せなひとときであった。その後，新聞の書評欄で本書の紹介記事を目にし，インパクトの強いタイトルに惹かれ，ぐいぐいと引き込まれるように読み進めた。

本書は，本と雑貨を扱う書店の店長（当時）である筆者が，「もっと知らない世界を知りたい。」という思いから，「X（エックス）」というサイトの存在を知り，そこでの体験談が綴られている。「X」は，知らない人と30分間だけ会って話してみる，というサイトだが，男女の恋愛に限定していないため，いわば「X」という名の共同体の中で，気の合う仲間を見つけることができる仕組みになっているという。

筆者は30分という短い時間の中で，相手の魅力を見いだすと同時に，個性や好みも考慮して本を紹介していく。初対面の相手にもかかわらず，複数の本を紹介する筆者の力量には，脱帽するばかりだ。相手の気持ちに寄り添う本，人生の支えになるような本を紹介したいという筆者の一途な思いが行間から伝わり，私自身はこれまで，筆者ほどの情熱を持って本を紹介できただろうかと，自問せずにはいられなかった。

本を通して交流を深めること，それは，「受賞作」や「ベストセラー」といった「肩書」だけでは表現し尽くせない魅力を，自身の肉声で語った時にはじめて実現できることだと思う。筆者の熱いメッセージを胸に，私も自分の言葉で，本の魅力を多くの人と分かち合えるようになりたい…そのような思いにかられた1冊である。

第Ⅲ部

おすすめ本，内から外から

第Ⅲ部では，「図書館員のおすすめ本」の評者としての思い，書評がどのように読まれたのか，そして「図書館員のおすすめ本」への期待などについて，図書館に関わるさまざまな方々にお伺いしました。
また，実際執筆された書評原稿がどのように完成へと至ったか，その過程の一部も公開しました。

<私も書きました>
書評を書こう

高田高史（神奈川県立川崎図書館）

テレビショッピングが顕著な例かもしれない。お店の店員は「この品物のここが素晴らしい」というアピールをするし，それをしなくてはならないだろう。売り上げの増加だけではなく，これまで知らなかった品物の魅力を客に伝えられる。そして「豊富な商品知識を持つ店員がいる店」という信頼にもつながる。図書館におきかえると「この本は面白い」と発信することで，利用が増えるだけではなく，「本に詳しい司書がいる図書館」というイメージアップが期待できる。

図書館には，数万冊，数十万冊の本がある。一冊を丁寧に読むことよりも，一冊をぱらぱらめくって即時に要点を見抜くことのほうが，司書には必要な能力だと思う。ただし，書評を書く際には前者の読む行為が必要になる。それによって後者の能力も向上する。

書評を書くのには，まず本を選ぶところから始める。多くの蔵書の中から，「この本を紹介したい」と思える一冊を選ぶのは，その時の気分にも左右されるが，案外難しい。日頃から，書評を常に書けるような姿勢で本に接していると感性が磨かれる。書評に取り上げるのは，たいてい近刊なので，新着棚のチェックはこまめに行いたい。幅広いジャンルの本を見ておくと視野が広がってゆく。自ずと選書のセンスも磨かれていくだろう。

本を読んで，どういうふうに魅力を伝えるかは，人によってまちまちである。「この本には，こういうことが書かれています。第1章は……，第2章は……」と平坦に書評を書いてしまっては，読み手が退屈してしまう。短い書評でも最後まで読んでもらうのには工夫がいる。客観的に一冊の内容を把握した上で，どの箇所をクローズアップするのか，類書と違う点，著者の考えなどを，自分なりに咀嚼して表現することが必要になる。良し悪しはさておき，私の場合，エッセイのような書評を書くことが多い。

書評を読んで「この本を読んでみたい」と思わせられれば大成功である。仮にそこまで至らなくても「図書館には面白そうな本がある」と感じてもらえれば，図書館の可能性や，本の世界の魅力を広報できたので，これも大成功である。

司書が書評を書く機会としては「図書館だより」的なものが多いだろう。手にとった人に自分の書いた書評を読んでもらえるか，読んでどんな表情をするのか，図書館に何を感じるのか，思い浮かべられるだろうか。また，「図書館だより」はホームページにもアップされるので，案外，本の著者や出版社側がチェックしていることもある。著者と対話するつもりで書いてみるのも楽しいかもしれない。

最後になるが，とくに若い司書には，書評を書く鍛錬を積んでもらいたい。時折，本を一冊もめくらずに一日の仕事を終える司書の姿を見かける。私は，そうした司書に，“もやしっ子”的なひ弱さを感じる。児童サービスの業務を思い浮かべるとわかりやすいかもしれないが，やはり本と接している司書はたくましいのである。

<私も書きました>

「図書館員のおすすめ本」で見せたかったもの

横山道子（神奈川県立藤沢工科高等学校図書館）

依頼をいただいたとき，正直言って，あのコーナーは難しいなと思いました。選書の参考にするにしては，書影がなくデータが少なく字数も少なすぎるのです。むしろ読みどころは，どんな方がどんな本をどんなふうに紹介なさるか，ではないかと。

そう考えると，学校司書としては生徒とのエピソードを中心に書くことは必須だと思われました。学校図書館の日ごろの活動を少しでも想像していただけるような内容にするということです。

とはいえ，本の概要やおすすめポイントを伝えないとコーナーの趣旨に合いません。書店の持ってくる選書資料で本の紹介が「本のテーマに関する感想」だけになっていて「本の特徴」が書かれていないものがあり，これじゃ，この本が同テーマの他の本とどう違うかわからない！　と不満に思っている私です。どういう作りの本であることが良いのかを伝えることも大事だと考えました。

さて，そこまで方向を定めて，次は紹介する本選びです。エピソードとしては利用者との距離の近さが表れたものにしたいのですが，生徒に薦めたら喜ばれたという単純な話ではおもしろくありません。もう少し深い部分で関わったものを選びたいところです。本のほうも，ある程度たくさんの人におすすめできる本で，インパクトの強いもの，ややエッジの効いたものを選びたいと思いました。そうして思い当たったのが『絶望手帖』でした（p.57 参照）。

私は小さいころから本を薬のように見ているところがあって，自分のメンタルバランスを整えるために本を選んだりしていました。音楽療法と同様に，とても落ち込んだときには明るいものよりもいっそ目の前が真っ暗になるようなもののほうがしっくりきたりします。ひとまず暗い言葉に気持ちを同調させて客観視し，少しずつ光の見える方向へ歩き出すのが自然ではないでしょうか。

図書委員として顔見知りだった彼女が来館したときも，そんなことを思い出していました。いつも危うげな子ではありましたが，そのときは特に調子が悪いように見えました。手の甲には安全ピン。きっと心も痛いんじゃないかと思いました。一緒に棚を巡りながら喋っていて，手渡してみたら彼女が反応したのが『絶望手帖』だったのです。

学校図書館には毎日いろいろな生徒や教職員が，いろいろな気持ちを抱えてやって来ます。一緒に笑い転げることもあれば涙をこらえながら話を聴くこともあります。ひとりひとりの利用者を思い浮かべながら，選書も一生懸命しています。

「図書館員のおすすめ本」で，そんな現場の雰囲気の一端がお伝えできたとしたら幸いです。

<私，読みました>

ワーキンググループに参加して

堀岡秀清（東京都立広尾高等学校司書）

私は学校図書館の立場から，事業発足にむけたワーキンググループの一員として参加した。座長であった乙骨敏夫さんや諸先輩方と時間をともにできたことは，私の図書館員としての糧となっている。議論に関する記憶は曖昧なものとなってしまったが，『図書館雑誌』に連載されている「図書館員の本棚」とは何が違うのか，そもそも書評とは何であるのか，誰にむけて，どういう手段で発表するのかといったことについて熱心に話しあった。紹介文についても，助詞，表記法など一字一句を丁寧に見直し，時には「書評の質の確保」の観点から執筆者に修正を依頼することもあった。そうした厳しい姿勢が，プロフェッショナルならではの書評を支えていると感じた。当初は，「新たな視点による図書紹介事業」のあり方を検討するという使命をうけて，社会へむけたアピールや一般読者ということが強く意識されていた。私個人は本事業をとおして，学校図書館も図書館であるという認識を広めていく，そのための基盤整備をすすめることを自らの役割と考えていた。

ところで，各書評を読まれた方はきっと，図書館員個人が何に興味や関心をもち，どのような思いを図書館の利用者に伝えようとしているのか，感じられたことと思う。たとえば，神奈川県立図書館の小野桂さんが『断片的なものの社会学』

（岸政彦著　朝日出版社　2015）について書かれた次の文章は私の琴線に触れた。「いつもいる場所とは違う世界が“ある”ことを知らなければ，その世界で何かまずいことが起こったときに破たんまでつきすすんでしまいかねない。けれど，世界はそこしかないわけではないよ――と，そのことを知っているだけで，だいぶ違う道が開けることもある，ということが大切なのだと気づかせてくれる」（本書 p.14）。「その世界で何かまずいこと」とは，ある人にとっては「いじめ」かもしれないし，またある人にとっては「感染症」かもしれないし，ほかの何かかもしれない。とにかく，そういう「何かまずい」状況に追いつめられているかもしれない誰かを想定し，図書館員は選書している。

当時勤務していた高校でもさっそく同書を購入し，関心をもっていそうな生徒にすすめていた。現在勤務している高校でも，社会科の教員から沖縄修学旅行の事前学習について資料相談がうけた際，岸政彦さんはじめ上間陽子さんや打越正行さんの著作を紹介した。それは「現代の沖縄」というテーマ学習に結実した。同様に，学校図書館員が執筆した書評が，公共図書館やほかの館種における選書や活動でいかされることもあるだろう。一冊の本として刊行されるにあたり，選書ツールとして活用されることはもちろん，ここで紹介された書籍がもつ面白さやメリット，さらには図書館員の思いや図書館の利用者にたいする姿勢といったものが，一般読者や広く社会に浸透し，認識されるきっかけとなることを期待したい。

<私，読みました>

「問いかけ」への「応え」に期待
――つくり手側からの視点

安田　愛（株式会社樹村房）

「出版社の方にとって〈図書館員の書評〉はどのように見えるか，どのような意義があるか等，率直なご意見を」という，お題をいただきました。なぜ，いち編集部員にすぎない私に……。どうやら，「ちょっとマニアックな図書館コレクション談義」（以下，マニコレ）と題する，図書館員が選書を通じて図書館への思いを著した3書の編集作業を担当したことによるご縁のようです。

「図書館員のおすすめ本」は，「選書等の参考に資する図書の書評による紹介」事業，とのこと。諸媒体に掲載された小社出版物の書評には，内容紹介にちかいものから，他書を引いて論議が展開されているものまで，その内容にはかなり幅がみられます。この機会に改めて「図書館員のおすすめ本」を読み返してみたところ，ここでもその印象を変える必要はないようです。

ずいぶんと生真面目な評もあれば，思わぬテーマへの興味をかきたてられる評，そして数行で先に評者を知りたくなるほどにユニークな評も。もっぱらの興味は，「これを書いたのはどんな人なのだろう」ということ。文章と人物像のあいだの少なからぬ関連性は職業柄経験していますし，それが楽しみでこの職に就いてもいます。「読んだ人が書いた人に会いたくなるような文章」をめざしたマニコレ企画の著者は，個性的で教養が深く，なにより「人と関わることが好き！」と顔に書いてあるような人たちばかり。彼らのような，あるいはさらに魅力あふれる人たちと出会えるにちがいありません。

図書館のあり方をめぐっては，昨今，いろいろな発言に接する機会が多くなっています。だからこそ，今回の書籍化によって可能性を広げた「図書館員のおすすめ本」には，図書館や図書館員といった枠組みをこえた「読者と本の生態系づくり」の担い手となってほしい，そう期待を寄せずにはいられません。

さて，『大辞泉』によると，書評とは「書物について，その内容を紹介・批評した文章」，批評とは「物事の是非・善悪・正邪などを指摘して，自分の評価を述べること」なのだそう。

マニコレのような一般書にちかい企画の編集を担当する場合，私は第一読者の視点で，できるだけ客観的に原稿を精読・確認するように心がけています。著者の意図が明確に読者へ伝わるよう，特長がさらに生きるよう，失礼を承知で提案をします。あくまでも著者への一助にすぎず，内容の評価を述べるわけではありませんが，編集と批評にはなんとなく共通点があるように思えます。それらを経た作品をつくり手側からの「問いかけ」とすると，「図書館員のおすすめ本」は，本に関する専門的な知識をもつ図書館員からの「応え」といえるでしょうか。忌憚のない評価を知りたいところですが，基本的に図書館情報学分野は書評対象外だそうで，私がその応えを知る機会はなさそうです。残念。

<私，読みました>

「これからの読者」のために

田口幹人

（楽天ブックスネットワーク事業開発本部事業開発部シニアマネージャー）

「図書館の整備が進んだから本屋が衰退した」

出版業界の会合などでよく耳にする言葉だ。

本屋の衰退の原因の一つとして，公共図書館の存在があげられることがある。反対に，図書館の皆さんからも，本屋や出版社の施策に対する不満を耳にすることも多かった。僕は，この読者不在の議論を終わらせ，読者と本との重要なタッチポイントとしての図書館と本屋が協働して「これからの読者」と向き合う必要性を訴えてきた。

それは僕が，公共図書館はその地域の読書推進の柱であり，要となる存在だと考えているからだ。図書館には，それぞれの収集指針をフィルターとして収集された蔵書があり，地域住民の知る自由を担保するという大きな役割がある。たしかに，無料の貸本屋という指摘が全く当たらないとは言えないかもしれないが，住民の知る自由と，生活の中に本と読書がある人たちの大きな受け皿となっていることは間違いない。

景気低迷が続き，本への支出を削らざるを得ない状況は続いていくでしょう。

2009 年と 2018 年の出版物販売額と書店数を比較してみると，書店数はこの 10 年間で，3,502 店閉店し約 7 割程度になり，出版物販売額は 8206 億円減少し，6 割程度になっている。

一方，公共図書館の館数と貸出冊数は，10 年間で，館数

104%，貸出冊数 99.7%で推移してきた。貸出冊数は，個人貸出に団体貸出を加えて算出している。

出版物販売額が大きく減少したこの 10 年間においても，公共図書館の貸出冊数は高い水準を維持し続けていたことがうかがえる。

僕は，「本の未来」と「本屋の未来」は別物であると考え，25 年間携わってきた本屋の現場から離れることを選んだ。それは本屋に縛られず，「本の未来」に関わりたいという想いが強かったからでもある。

若者の活字離れというと，つい最近のことと思われがちだが，最初に語られたのは今から約 40 年以上前の 1977 年のことだった。その頃，本を読まなかった若者は年を重ね，定年を迎えている。活字離れも高齢化が進んでいる状況にあるということになる。

僕は，読者には「これまでの読者」と「今の読者」，そして「これからの読者」がいると考えている。書店業界では，「これまでの読者」と「今の読者」を対象とした施策しか取り組んでこなかったツケが，大きな壁として立ちはだかり，打開策を見いだせずにもがいている。

だからこそ，公共図書館の皆さんが「図書館員のおすすめ本」等を通じ，今に囚われることなく，「本の未来」を支える大切な「これからの読者」に向けて情報を発信することは，非常に意味のあることだと感じている。それぞれの館の，それぞれの収集指針をフィルターとして収集された書籍の情報を，さまざまな媒体を通じ多くの方に伝えることで，「これからの読者」を育んでいくことが，地域の読書推進につながっていくのではないかと感じている。

<図書紹介事業，大いに期待>

この「本」は，ここに置かれていなくてはならない

黒木重昭（株式会社読書人顧問）

この「本」がここにある，ということを考えるといろんなことが見えてくる思いがします。この本を発行しようとした編集者や出版責任者の想い。執筆者は読者に何を訴えたいと，この本を書くことにしたのか？　どのような準備をしたのだろうか。本屋さんはなぜこの本を仕入れて並べておいたのだろうか。どんな人が手にとって，あるいはそのまま棚に戻し，また，どのような人が感激を持ってレジに向かったのだろうか。目の前にある1冊の本に向かってさまざまな風景を思い浮かべることができるのではないでしょうか。

この本がこの図書館に置かれているのはなぜだろうか，と考えることがよくあります。そのとき私はそっと目を閉じてその図書館のたたずまいを思い浮かべることにしています。そしてその図書館の在る街を，地域を，訪ねてくる利用者の姿を思うことに努めてみるようにしています。すると本を探して訪ねてきた人がその本にめぐり合って，ハッとした表情を浮かべる様子が浮かんできて，人の喜びに本が大きく関わっていることを実感できるのです。図書館に揃えるための本を選ぶ仕事，簡単に人はこれを選書という短い言葉で表しますが，本と人との出会いは，単に，ある人によって選ばれて，その本が分類という作業を経て並べられる，というような機械的なことではなく，まるで運命を作り上げる仕事が選書と

いうことなのではないかと，やや叙情的な気持ちになってくるのです。おそらくすべての司書の方々は，自分のいる図書館を訪ねてくる人々の顔を思い浮かべ，その一人ひとりがどのような本を求めるのだろうか，ということをイメージしながら本を選んでいくのでしょう。100人の利用者のプロフィールをよく知る人は，100冊の本を選ぶのに心のこもった選書ができるはずです。300人なら300冊を，1,000人を知れば1,000冊の本を選ぶ深みが出てくるのでしょう。カリスマなブティック従業員はお客様のニーズをよく知り，満足する服選びでお客様をたくさんお店に引きつけています。同じくカリスマな料理人はテーブルに座ったグルメなお客様が，またこの店に来たいという気持ちを持つようにと料理を作っているのではないでしょうか。

司書の仕事は多岐にわたりますが間違いのない素材の準備（選書）と，探したい本を的確にご案内するレファレンスの力（コンシェルジュ）を備えた図書館は，規模の大小に関わり無く来館者の楽園になっていることではないかと思うのです。

『週刊読書人』は60年余の歴史を持つ書評専門紙です。思想・哲学など人文系の書籍を取り上げることが多く，評者は研究者や評論家など600名を超える方々に担当していただいていますが，もう少し読者の目線に立った本の紹介も必要ではないか，と考えてきました。図書館司書の，より現実的で生活者に近いところにある本の選択と書評は欠かせないものではないかと思っています。私たちは，司書によるやわらかくて温かな書評を掲載することで，従来にはない読者も手にとってもらえるのではないかと期待がふくらんでいます。

図書紹介事業，大いに期待

持谷寿夫（みすず書房監査役）

図書紹介事業というネーミングは少々固めですが，かつておこなわれていた図書選定事業の後継と理解すれば，その役割がみえてきます。全国の図書館員が書評としてそれぞれ一冊を紹介，公立図書館等での選書や蔵書構成に役立てるというのが主な目的ですが，一般の読者としても本の専門家の図書館員がどのような本をどう紹介するかはたいへん興味深く感じられます。考えれば，情報あふれる今という時代だからこそ本に携わる図書館員の方々のお奨めは質の高い情報としてより貴重なはずで，気づかなかった一冊に図書館という場で出会うことが可能になれば，私たち出版する側としてもさらにその後の広がりも予感させて期待がふくらみます。

紹介は専門的な学術書を外し，文芸書や児童書の分野を別のメディアに任せて対象としないというのは図書館ならではの見識ですし，新刊ばかりではなく既刊書も含めた図書館蔵書のなかから市中在庫があり購入可能なるものに限るというのも，各図書館の蔵書構成に役立つようにとの配慮が感じられます。2016年のスタート以来，2019年2月で100冊を超えた図書の一覧と書評は，全国の図書館員の方々がどのような本に関心を持っているのかをうかがい知ることができると同時に，図書館という公共の施設で働かれている館員の方々をより近い存在として感じることもできます。むろん自社の刊行書が紹介されれば喜びが倍加するのはいうまでもありません。

図書館員の方々の書評に何を感じ，今後に何を期待するかを出版社の視点で考えてみました。本への興味はすべて個別ですから，内容紹介によって読みたくなるかどうかは読み手との相性もあり一概にはいえません。そこで，内容ばかりではなく本を本として成り立たせている諸々の要素を紹介することによって魅力を浮かび上がらせることも図書館という特性を生かした紹介の方法ともいえるのではないでしょうか。かたちとしての本を構成している文字や判型や装幀，世に出るまでの経緯や歴史，一冊が生まれるためのさまざまな物語は，本を作り出す著者や出版社ばかりでなく携わる人や周辺へと広がり，本の世界の魅力を立体的に伝えられます。

また，紹介された本がその場に在るというのもたいせつです。そのとき読みたいという気持ちに応えるためには，そのとき在ることが必要であって，多様な本と出会える場としての書店が激減している昨今，こうした本との出会いこそが図書館の役割をさらに深くしていると思えるからです。

紹介されたリストは一見してマスではない少部数の発行書が多いようにみえます。品切れの確率も高くなり個人での入手は難しい，そしてこうした時間を超えて読み継がれていく蔵書の蓄積が長い時間のなかで書棚の風景を豊かにし，図書館の価値を高めていくことになります。通販サイトでのレビューとはひと味もふた味もちがった図書館員の紹介本，いつかここから図書館発のロングセラーが生まれていくことをせつに願っています。

<図書紹介事業，大いに期待>

目利きが支える出版文化

成瀬雅人

（一般社団法人日本書籍出版協会 図書館委員長，株式会社原書房）

日本図書館協会の個人会員になって自宅に毎月送られてくるようになった『図書館雑誌』には，出版界の人間にとって役立つ内容が多いが，最近の楽しみはなんと言っても「図書館員のおすすめ本」コーナーである。それは書き手の属性が，同じ図書館員でも公共図書館から大学，高校図書館まで多様で，年齢層も幅広く，取り上げられる本の分野が多彩であることと，770字に込められた想いが熱いから，だと感じている。

職業柄，書店の店頭によく足を運ぶし，新聞や雑誌の「書評欄」にもかなり目を通しているので，過去数か月に出版された話題の本や評判のよい本は，タイトルくらいは知っているものが多いつもりでも，「図書館員のおすすめ本」にはしばしば知らない本が登場する。それが悔しくもあり，うれしくもある。

「図書館員のおすすめ本」は文芸書や児童書を対象としていないので，紹介される本の多くは，昨今の出版事情の下で初版発行部数が少なく，書店店頭にあまり並ばず，新聞広告にも載らない。しかしそういう本，あえて言えば「売れること」より「読まれること」を望んで世に出された本こそが，この国の豊かな出版文化を支えているのはまちがいない。だからこそ，本読みであり，本選びのプロ中のプロである図書館員たちの目にとまり，心に響き，紹介される機会を得られるのだと思う。

大新聞の書評よりも，無名の私人のSNSで紹介される方が本の売れ行きにつながることがある。もはやめずらしいことではない。そして不勉強な私にとって無名でも，実はある世界に特化すれば影響力の極めて大きい人だと知ることも多い。

弊社が発行した本が掲載されたとき，その本は比較的多くの新聞雑誌で紹介された本だったが，担当編集者は「図書館員のおすすめ本」に取り上げられたことが一番うれしいと言った。自分のつくった本が図書館員に評価されることは，編集者にとってたいへん名誉なこと。図書館員はそういう存在だという自負を持っていただきたい。皆さんは立派なインフルエンサーなのです。

だから，全国の図書館員には，もっともっと競い合って投稿し，私たちの知らない多彩な良書の存在をひろめてほしい。毎月の『図書館雑誌』に掲載されるだけでなく，日本図書館協会のウェブサイトや『週刊読書人』の紙面・ウェブサイトでも読めるようになり，人々の目に触れるチャンスは拡大している。

『図書館雑誌』2018年12月号で，乙骨敏夫氏が，一般紙誌の書評欄に図書館員の名前がないことを指摘しておられたが，「図書館員のおすすめ本」がきっかけとなって少しずつ図書館員が書評執筆者に名を連ねるようになることを，期待している。図書館の存在価値を高めることにもつながるのではないか。それは私たち出版界の者にとっても大きな喜びであり，誇りでもある。

<図書紹介事業，大いに期待>

図書館員が書評を執筆すること

千　錫烈
（関東学院大学）

図書館員は「情報と人びとを繋ぐ」役割を担っている。図書館員は情報提供を通じて人びとの支援を行うが，その前提として人びとに「わかりやすく的確に情報を伝える」という付加価値が求められる。

「わかりやすく的確に情報を伝える」ことは一見すると簡単そうに思えるが，これはなかなか難しい。例えば私が担当する司書課程の授業では，学生に「ブックトーク」や「ビブリオバトル」の演習を課しているが，「自分自身がよく知っている図書を，全く内容を知らない他の学生に，短い時間の中で上手に伝えて理解してもらい，さらには興味関心を持ってもらうことは大変だ」といった意見を学生たちからたびたび聞く。

書評も同様に，未読の人びとに向けて，その内容と魅力を端的に伝えることが求められる。「わかりやすく的確に情報を伝える」ことは図書館員が書評を執筆する意義と醍醐味にも通じる。

書評は図書の概要を単純に紹介するのではなく，書評執筆者独自の視点から著者の核心となる主張やポイントを把握し，未読の人びとに対して，その図書を読むべき意義や価値について説得力や魅力を伴って伝え，読者に手に取って読んでもらうことが最終目標である。連載された書評を改めて読み返すと，わずか800字弱の中で紹介図書の重要なポイントや魅力がしっかり言及されている。書評を通じて「わかりやすく的確に情報を伝える」という付加価値がしっかり付されていることがおわかりいただけるだろう。

私自身，日々の授業を通じて「教えることは学ぶこと」を実感している。学生に向けてわかりやすい授業（アウトプット）をするためには，前提として自分自身のより深い理解（インプット）が必要である。書評にも同じことがいえよう。つまり，「書評を書く」というアウトプットのためには，「執筆者自身が紹介図書についてより考えてより深く理解する」というインプットが不可欠である。さらには読者層を勘案しながら，紹介図書の内容と魅力を端的にどう伝えるかについても考慮しなくてはならない。まさに「書くことは理解すること」といえるであろう。

書評を読むことは選書・読書相談・レファレンス質問への回答・展示コーナー作りなどさまざまな図書館業務を遂行する上でも役立つ。また一般的に図書館ではすべての資料を公平・平等に扱うことが求められ，特定の資料について図書館員が意見や主張をする機会は滅多にない。しかし，書評には執筆する図書館員自身のセンスや思考が意見や主張として顕在化しており，「書評を通じて，その図書館員の個性・姿勢・人柄も知ることができる」といえよう。こうした視点から書評を読むことも面白い。

掲載されている書評の内容の濃さは図書館員としての「わかりやすく的確に情報を伝える」資質を強く裏付けるものである。今後も図書館員による書評執筆を大いに期待したい。

おすすめ本ができるまで

<最初の原稿>

石川靖子さん（『図書館雑誌』2018年6月号掲載）

牧野富太郎　植物博士の人生図鑑

コロナ・ブックス編集部編　平凡社　2017　¥1,600（税別）

春の訪れを感じる陽気のなか，①ふんわりとよい香りに包まれる場所があることに気がついたのは，社会人になったばかりの頃，通勤路にある公園の中だった。沈丁花の花だと教えてもらい，その香りと植物の持つ圧倒的な存在感が記憶に刻まれた。

②この本は日本の植物学に多大な功績を残した，牧野富太郎氏の自叙伝である。氏に関する著書は数多く刊行されているが，これはビジュアル版として美しくまとめられた1冊だ。既刊の著書から抜粋した文章を紡ぐかたちで進む本篇は大変読みやすく，緻密で詳細な写生画や植物標本は美術書のように美しい。

1957年に94歳で亡くなるまで，植物の研究に一生を捧げた牧野氏が収集した植物標本は約40万点といわれ，③1500から1600もの新植物を発見している。故郷の高知と東京とを行き来し，さらに全国各地をまわり実地調査を積み重ねて，その地域に根付く植物を解明していった。

④「あるいは草木の精かも知れん」と自身を表現している。植物への果てなき愛が探究心を産み，学びとなり，さらに知識となっていく。知識が人生をどれほど豊かにするか身をもって示している。牧野氏によってこの世に記された多くの植物を，いつでも本で知ることができる私たちは幸せだ。

図書館員は地域を知らなくては，と言われる。そのために，その地域に根付く植物を知ることも手だてのひとつになるだろう。山や丘陵，公園の花木も街路樹も，花壇の花も，足元の草花も。図鑑で調べてみよう，そんな気持ちになるはずだ。

沈丁花の北限が東北南部と知ったとき，秋田での春の彩りには，沈丁花の香りが添えられないことを少し残念に思った。

巻末には著作目録や略年譜，ゆかりの施設案内があり，⑤もっと牧野氏を知りたい人の役に立つ。

<委員会からの修正依頼コメント>

① 「沈丁花の北限が～」で始まる一文を見る限り，「ここで指す場所とは，秋田ではない」ということがわかりますが，それではこの「香りに包まれる場所」がどこであったか？読者に興味を抱かせます。
どのあたりのお話だったか？をもし差し支えのない範囲で明記いただくと，読者にもよく理解できます。

② 前段落の流れから唐突に本の紹介に入っている印象です。それぞれをつなぐ文言があると，よりよいです。
(たとえば，「そんな折に私が出会ったこの本は，～」といった文言でしょうか。)

③ 1500から1600「種」もの，のように，単位を追加するのはいかがでしょうか。

④ 主語がないため，「誰が」表現したかが少々曖昧です。おそらく「牧野氏が」かと思いますので，文頭に追加するのはいかがでしょうか。

⑤ こちらを「牧野氏を深く知りたい」とすると，より読者が理解しやすいです。
(「もっと知りたい」とすると，「現時点で牧野氏を知っている」という前提条件が含まれやすいです。)

→修正された原稿は，本書74ページに掲載されています。

おすすめ本ができるまで

<最初の原稿>

松田康佑さん（『図書館雑誌』2017年11月号掲載）

はじめて学ぶ法学の世界　憲法・民法・刑法の基礎

関根孝道著　昭和堂　2014　¥2,400（税別）

本書は法学の基礎から始まり，憲法・民法・刑法の基礎的な①解説を行う。その内容は単なる法律の解説だけでなく，法律の存在意義やその構造など，法律を学問的に習得するために必要なことも含まれている。また，②要所に関連する法律の条文や重要判例の要旨の一部が載っており，理解の手助けになっている。判例については要旨のみで，事件内容が記載されていないので少し捉えにくくはあるが，判例集の出典が記載されているため，判例を見てみたいと思えば容易に探し出すことができる。

著者は本書を，教養科目として法律を学ぶ法学部以外の学生を対象とした法学概論の入門書「もどき」と位置付けている。「もどき」とあるのは，③法学の入門書よりも分かりやすく全般的な法律の教科書として執筆されたものだからであろう。

私自身が④法学部生であったため，大学生の頃に学んだことを思い返しながら読んでいたが，法学部生が学ぶ法律の基礎知識の大半がこの一冊に入っている。法律の知識を有していない人が学ぶための導入としては非常に分かりやすい。

また本書の構成は，法学の基礎についての説明から始まり，続いて憲法・民法・刑法という六法の中でも主要な法律について各章で解説を行うというものなので，それぞれの法律の⑤捉え方の違いを比較してみることもできる。条文を読むだけでは分からない，法律解釈に必要な基礎知識を一度に知ることができる。

教養としての法学を身につけようとする人や，これから法学を学ぼうという人にとって非常に役立つ本である。

<委員会からの修正依頼コメント>

①「解説を行っている」ないしは「解説書である」でしょうか。

②「要所」が何を示すか，少し不明瞭かと思います。

③ 少々漠然とするものがありましたが，たとえば「一般的な法学の入門書よりもわかりやすい教科書」のような書き方ではいかがでしょうか。

④ ここから3回「生」の文字が繰り返し出ます。
そのため，こちらの一文を「私自身が法学部（あるいは「出身」）であったため，大学の頃に学んだことを思い返しながら読んでいたが，法学部生が学ぶ法律の基礎知識の大半がこの一冊に入っている。」としてはいかがでしょうか。
（こちらも一案ですので，別の書き方でももちろんかまいません。）

⑤「捉え方の違い」を，「特徴」の１単語でまとめるとスッキリします。

→修正された原稿は，本書48ページに掲載されています。

資料編

日図協　新しい図書紹介事業の試行について

新たな視点からの選書のための情報提供を

森　茜（公益社団法人日本図書館協会理事長）

図書館の生命線はその図書館の蔵書構成にある。どんなにサービス活動のパフォーマンスを高めても，それを支える質のよい蔵書がなければ，豊かなサービスは生まれない。その意味で，図書の選定は，司書にとって最も重い仕事の一つである。

日本図書館協会（日図協）の任務の一つとして，“図書館運営ツール・選書ツールの作成・普及”がある。日図協が長年にわたって実施してきた図書選定事業による『選定図書速報』や『選定図書総目録』の作成・普及はその一つである。しかしながら，現代の情報化社会において，図書情報は多種多様な形でインターネット上に溢れ，図書の標題・著者・発行者・発行年などの基本的な書誌情報は，日図協の図書選定事業に頼らなくても，司書たちは十分に獲得できるようになった。

他方，世の中に溢れすぎた図書情報をどのように評価し，自館の蔵書構成上に位置づけるかについて考えることができるような専門的視点からの情報は乏しい。

21 世紀の情報化社会において，図書館の司書たちは，どのような視点から選書という重い仕事をしていけばよいのだろうか，日図協の作成・普及すべき選書ツールの在り方は，新しい段階に入ったと言って過言ではない。そのような観点から，日図協は，従来の図書選定事業について 2015 年度末をもって終了し，新たな視点から司書の会員による「日本図書館協会図書紹介事業」を行うこととした。

これは，日図協の会員である司書たちが，書評という形で，図書館専門職としての経験と知識，および図書館での実践活動で培われた視野のもとに，従来より詳しい内容の図書情報を提供し，もって図書館における選書・蔵書構成上の参考に資することを目的とするものである。半年間の試行を本誌上で行い，図書館職員・図書館利用者たる読書人たちの意見を広く求め，現代社会に求められる日図協の新たな事業に育てていきたいと考えている。

司書会員による図書紹介事業の試行

乙骨敏夫（司書会員による図書紹介事業試行ワーキンググループ座長）

昨年の国内出版点数は 8 万 48 点。2005 年に初めて 8 万点を超えて以降 11 年間，点数に大きな変化はない。この膨大な本の海の中から，読者はどのようにして自分の「適書」を見つけ出せばよいのだろうか。本との出会いを仲立ちしてくれるもの，本の内容を的確に紹介してくれる「書評」が必要である。

ところが，数ある書評メディアの書き手の中に，図書館員の名前を見かけることはめったにない。たくさんの本を扱う図書館員は，本来，信用度の高い書評の書き手として期待される存在のはずなのに，である。

そんな思いを抱いていたところ，ある会合の席で，日本図書館協会の森理事長から，2015 年度をもって終了する図書選定事業の後をどうするか考えているとのお話を伺った。いろいろと話すうち，「司書会員による図書紹介事業」の骨格が見えてきた。その後の関係者の御尽力により，ここに『図書館雑誌』の貴重な紙面をお借りした「図書館員のおすすめ本」コーナーを立ち上げることができた次第である。

事業全体のかじ取りをするワーキンググループのメンバーには，大塚敏高氏，秋本敏氏，堀岡秀清氏に加わっていただいた。三人とも，豊富な図書館経験を有する読書家である。

今回掲載したおすすめ本の数は 2 本だが，次号の 11 月号から来年 2 月号まで，1 回あたり 4 本ずつ掲載していく予定である。

本の大海の中に埋もらせたくない優れた図書を，紹介する図書館員の思いとともに皆さんにお届けしたい。そして，いずれは専用の紙媒体かウェブサイトを活用した，広く一般読者と本との出会いを演出できるようなものを，などと夢のようなことも考えている。

実現できるかどうかは，会員の皆さんのお力添え次第である。建設的な御批判のお言葉を頂だいできればありがたい。

（『図書館雑誌』2016年10月号より転載）

図書紹介事業の試行を終えて

乙骨敏夫（司書会員による図書紹介事業試行ワーキンググループ座長）

昨年の10月に始まった図書紹介事業の試行は，お陰様で，『図書館雑誌』の先月号の掲載をもって無事終了することができた。この間の成果を確認し，今後の課題を整理することにより，本事業にご協力いただいた関係者の皆様，とりわけ，お忙しいなか紹介文をご執筆いただいた方々へのお礼の言葉としたい。

試行の成果

5か月間で紹介された本の数は18冊。分野は，0類が1，1類1，2類2，3類2，4類5，5類2，6類1，7類1，8類2，9類が1である。分野が限定されるのではと懸念していたが，ここまで広範囲に及んだのはうれしい驚きであった。

執筆者18人のうちワーキンググループの3人を除く15人の内訳は，男性7，女性8であった。所属で見ると，県立図書館が4，市立図書館6，高校図書館2，大学図書館1，その他が2となっている。公共図書館だけでなく，学校や大学の関係者にも執筆していただけたことで，図書の紹介に厚みが出たと感じている。

地域別では，神奈川が7人と最も多く，以下，埼玉4，愛知・大阪・奈良・福島が各1となっている。関東近県にお勤めの方が多くなるだろうと予想はしていたが，神奈川と埼玉の両県で全体の7割を超える結果になった。

残された課題

このような地域的偏りをどう解消するかが課題の一つである。本を紹介したいという思いを抱き，その思いを800字以内の文章で表現できる図書館員は，全国にたくさんいるはずである。事業のPRやワーキンググループの拡大などにより執筆者の発掘に努めていくことが，われわれの使命だと考えている。

残されたもう一つの課題は，執筆者の条件をどのようにするかである。
本事業は，日本図書館協会の「司書会員」による紹介事業としてスタートした。ところが，始めてみると執筆者の中に協会の会員ではない方が何人かいることがわかった。試行期間中は意欲的な書き手を一人でも多く確保することを最優先とし，会員であることを必須の条件とはしなかったことによるものであるが，当初の計画とズレが生じた点は否めない。一方で司書以外の会員への拡大を求める声などもあることから，今後，執筆に際しての条件をどのようにするかについて関係者と協議を重ねていきたいと考えている。

紹介文としての「文庫X」

試行を進めるなか，図書の紹介の在り方について考えさせられる出来事があった。岩手県盛岡市にあるさわや書店フェザン店の長江貴士氏が企画した「文庫X」である。
文庫Xは，『現代用語の基礎知識2017』（自由国民社）に世相語として取り上げられるなど出版界の大きな話題となった本であるが，本の売り方だけでなく，紹介の方法を考えるうえでもさまざまなヒントを与えてくれる。
覆面本などと呼ばれることも多いが，読者に隠されたのはタイトルや著者などの書誌事項である。本の紹介がなされなかったわけではない。カバーには500字を超える長江氏自筆の文章が掲載されている。
文庫Xのねらいは，覆面によって話題を提供するというよりも，紹介文に目を留めてもらうことにあったのではないだろうか。おそらく，長江氏の文章を読んだことで思わず本を買ってしまったという方が何人もいるに違いない。
このような本に対する紹介者の思いを読者に届けること，それは本事業の核心でもある。試行期間は終わったが，限られた字数の中で思いを語るという紹介スタイルは，これからも維持していきたいと考えている。

本格実施に向けて

本事業は2017年度より本格実施される予定である。幅広い執筆者の確保と内容の充実に向けて，引き続き検討を進め，よりよい事業に育てていきたいという思いを強くしている。5か月間お読みいただいたことに感謝するとともに，引き続きのご協力をお願いする次第である。

（『図書館雑誌』2017年3月号より転載）

司書会員による図書紹介事業試行
ワーキンググループ報告書

2017.3.17

【目次】

1. 本事業試行の経緯

日本図書館協会（以下，日図協）では 1949 年より，おもに公立図書館を対象とする図書選定事業を開始し，各図書館が図書を収集する際の参考となる情報を提供してきた。しかし近年，出版情報ツールが増加し，本事業を担ってきた図書選定事業委員会から事業終了の提案があり，2015 年度（2016 年 3 月）をもって事業が終了した。

一方で，日図協が長年，選書の参考情報を図書館現場に提供し活用されてきた経緯，公益法人として図書選定にかかわる情報提供が必要ではないかという問題意識から，同事業終了の検討と並行して，2015 年 10 月に「日本図書館協会における図書紹介事業に関する検討会」が設置され，後継事業の方向性について協議してきた。その結果，2016 年 3 月 18 日に報告書がまとめられ，「新たな視点による図書紹介事業」の検討が必要であるとの提言がなされた。

これを受けて，2016 年度通算第 2 回理事会（2016 年 5 月 27 日）にて「日本図書館協会図書紹介事業に関する実施要綱」が承認され，「司書会員による図書紹介事業試行ワーキンググループ」（以下，WG）が設置された（設置期間：2016 年 5 月 27 日～2017 年 3 月 31 日）。WG は事業実施のプロトタイプを検討し，理事長に報告することとされ，理事長は同報告をもとに本格実施への移行の在り方について理事会に諮ることとなった。

2. 図書紹介事業試行 WG 打合せの実施

「日本図書館協会図書紹介事業の試行に関する実施要綱」に基づく WG のメンバーは下記のとおりである。

メンバー：秋本　敏（元ふじみ野市立図書館長），大塚敏高（元神奈川県立図書館部長），乙骨敏夫（元埼玉県立熊谷図書館長）＝座長，堀岡秀清（東京都立板橋高等学校）
担当理事：山本宏義（日本図書館協会副理事長），西野一夫（日本図書館協会専務理事）

WG は下記の 4 回打合せを行い，おおむね下記の事項を協議，決定した。

・第 1 回　2016 年 6 月 14 日（火）13 時 30 分～15 時 30 分
・第 2 回　2016 年 7 月 13 日（水）18 時 30 分～20 時
・第 3 回　2016 年 9 月 23 日（金）18 時 30 分～20 時
・第 4 回　2016 年 12 月 19 日（月）18 時 30 分～20 時
・WG 座長と理事長の意見交換　2017 年 1 月 13 日（金）16 時 30 分～17 時 30 分

3. 試行事業の実施

『図書館雑誌』に「図書館員のおすすめ本」としてページを確保し，2016 年 10 月号から 2017 年 2 月号まで連載し，3 月号には座長による「図書紹介事業の試行を終えて」を掲載した。

・試行のコンセプト：公立図書館等の選書等に役立つ，司書による書評
・掲載するメディア：当面『図書館雑誌』（1号2ページ，書評4本）
・対象図書：児童書・文芸書，図書館情報学以外のジャンル（品切れ・絶版は対象外）
・対象年齢：高校生以上の一般
・字数：800字程度

おおむね以下の流れで掲載した。

執筆要領を作成 → WGメンバーによる執筆者の人選と執筆依頼（メールで依頼，メンバー同士の意見のやり取り等はメーリングリストで実施） → 原稿到着と内容検討（修正等があれば執筆者に連絡） → 原稿完成，図書館雑誌編集部への入稿 → 初校が出たら著者校正を依頼 → 修正を図書館雑誌編集部へ連絡 → 完成 → 執筆者へ送付

4. 試行事業の成果と課題

＜成果＞

・5か月間で紹介された本の数は18冊。分野は，0類が1，1類1，2類2，3類2，4類5，5類2，6類1，7類1，8類2，9類が1である。ほぼ全分野にわたる図書を紹介できた。
・執筆者18人のうちWGの3人を除く15人の内訳は，男性7，女性8であった。所属で見ると，県立図書館が4，市立図書館6，高校図書館2，大学図書館1，その他が2となっている。
・地域別では，神奈川が7人と最も多く，以下，埼玉4，愛知・大阪・奈良・福島が各1となっている。神奈川と埼玉の両県で全体の7割を超える結果になった。

<課題>

・執筆者の地域的偏りをどう解消するかが課題の1つである。本を紹介したいという思いを抱き，その思いを800字以内の文章で表現できる図書館員は，全国にたくさんいるはずである。事業のPRやWGの拡大などにより，執筆者の発掘に努める必要がある。
・もう1つの課題は，執筆者の条件をどのようにするかである。本事業は，日本図書館協会の「司書会員」による紹介事業としてスタートした。ところが，始めてみると執筆者の中に協会の会員ではない方が何人かいることがわかった。試行期間中は意欲的な書き手を一人でも多く確保することを最優先とし，会員であることを必須の条件とはしなかったことによるものであるが，当初の計画とズレが生じた点は否めない。一方で司書以外の会員への拡大を求める声などもあることから，今後，執筆に際しての条件をどのようにするかについて関係者と協議を重ねていきたい。

5. 事業の効果

本事業に関しては，執筆者も含めて，以下のような感想等が寄せられている。

・全国の司書が執筆した素晴らしい図書の紹介記事に感嘆した。
・『図書館雑誌』が届くと，この記事を先に読むようにしている。自分の知らない本が紹介されていて，たいへん参考になる。
・出版社からもこの取組に注目が寄せられており，出版界と図書館をつなぐ事業として，継続を期待する声があった。

6. 本格実施に向けて

4の成果と課題，5の効果について検討した結果，図書紹介事業は本格的に実施すべき事業だと考えられる。そこで，2017年度から本格実施することとしたい。

その具体的な方法は，下記のとおりである。

- 掲載する媒体は引き続き『図書館雑誌』とする（800字×4本，2ページ）
- 公立図書館等の選書等に役立つ図書を紹介する
- 執筆者は日図協会員とし，個人会員だけでなく施設会員の構成員も歓迎する
- 執筆者のさらなる拡大を図るため，事業開始後，8月ごろをめどに，執筆要領に添った書評を書いてもらう形で公募を行い，寄せられた書評を委員会が確認したうえ，積極的な掲載に努める
- 3月の理事会で本委員会の設置が承認されれば，4月に委員会を発足させて，事業実施に入り，早ければ6月号から連載を開始する
- WGメンバーの増員（公共2人，学校1人），公共のうち1人は関東以外から選考，学校の1人は関西から探す

以上

「造本装幀コンクール」に参加して

乙骨敏夫（前 JLA 図書紹介事業委員会委員長）

はじめに

本は，情報をただ集めただけのものではない。「パッケージ」として構成されたものである。このことに改めて気づかせてくれる恰好の機会がある。日本書籍出版協会と日本印刷産業連合会が主催し，今年で 52 回目を迎えた「造本装幀コンクール」である。

日本図書館協会は毎年，後援団体の一つとして参加している。しかし，そのことはおろか，コンクールの存在自体を知らない図書館員も少なくない。図書紹介事業委員会委員長として直近 2 回の審査に加わった体験を述べることで，造本装幀コンクールの意義を広くお伝えしたく，筆をとらせていただいた。

コンクールの概要

審査会は毎年春，下見を含めると 4 日間にわたって行われ，前年に刊行された書籍（今年の出品点数は 325 点）の中から複数の授賞作が選ばれる。審査および選考の基準は，第 1 に，「造本目的と実用性の調和がとれており，美しく，かつ本としての機能を発揮している」ことである。あわせて，表紙や本文デザイン等が創造性に富み，印刷・製本技術，材料の選択がとくに優れているものが授賞の対象となる。

授賞作のうち外部の審査員 5 名が協議して選んだ 3 点に，文部科学大臣賞，経済産業大臣賞，東京都知事賞が授与される。これがなかなか決まらない。決まりかけたと思ったら反対意見が出るなど，審査員の白熱した議論は 2 時間を超えることもある。学者に作家，デザイナーという異なる分野の専門家の発言だけに，どの意見も聞いていて大変勉強になる。

意見をまとめる際には，アドバイザーとして同席している印刷と製本のプロに見解を仰ぐこともある。今年は『村上善男』（玄風舎　2017）をめぐり，製本の特徴について参考意見が求められた。私も下見のときからどうすればこんな本が作れるのだろうと不思議に思っていたのだが，アドバイザーは「私だったら作りたくない」といった趣旨の発言をして，周囲の笑いを誘っていた。最上級の誉め言葉といっていいだろう。本作は，造本の美しさと技術の高さが評価され，最終的に経済産業大臣賞を授与された[1)]。

これまでの日本図書館協会賞

文部科学大臣賞以下 1 賞のほか，各後援団体がその「団体の性格にふさわしいもの」を選定する。過去 10 年間に選ばれた日本図書館協会賞は下表のとおりである。

背の大ぶりなフォントと表紙・見返しに使われた青色が際立つ『海の魚大図鑑』，カバーに箔押しされた金がはなぎれの金赤，スピンの赤とマッチした『にほんのかたちをよむ事典　図説』など，どれも実用的でかつ美しい。特に一昨年の『21 世紀スポーツ大事典』は，スポーツのさわやかさと事典の機能が一体となった素晴らしい作りの本で，同年ライプツィヒで開催された「世界で最も美しい本コンクール」において見事栄誉賞を授与された。この間の選考に携わった図書選定委員会の見る目の高さに感服するばかりである。

造本装幀コンクール・日本図書館協会賞一覧

回	開催年	授賞作	出版者	装幀者	出版年
43	2009	気象予報士ハンドブック	オーム社	小沼孝至	2008
44	2010	フランスの子ども絵本史	大阪大学出版会	J. デュエーム ほか	2009
45	2011	海の魚大図鑑	日東書院本社	Cycle Design	2010
46	2012	にほんのかたちをよむ事典 図説	工作舎	宮城安総 小倉佐知子	2011
47	2013	哲学大図鑑	三省堂	岡孝治	2012
48	2014	きっずジャポニカ　新版	小学館	坂川栄治 永井亜矢子	2013
49	2015	昔のくらしの道具事典　新版	岩崎書店	鈴木康彦	2014
50	2016	21 世紀スポーツ大事典	大修館書店	田中晋	2015
51	2017	ウィリアム・ホガース －“描かれた道徳”の分析－	伊丹市立美術館	大西正一	2016
52	2018	和菓子を愛した人たち	山川出版社	木下勝弘	2017

授賞作を選ぶ際に留意した点

2015年度に図書選定事業が終了したことから，それまで図書選定委員会が担っていた造本装幀コンクールの審査を，図書紹介事業委員会が引き継ぐことになった。引き受けるに当たり，選考のポイントとして留意したのは次の3点である。

(1) 背に十分な情報があり，人目を引くこと

審査会場では，すべての出品作が表紙（カバー）を上にして展示される。参加者の多くは，表紙を眺めたあと，本を開いて中に目を向けている。背を丹念に見る人は少ない。

図書館の本は基本的に背を向けて並べてある。図書館員にとって，背は表紙と同じくらいに重要な意味を持つ。審査に参加して，ほかの点では素晴らしいのに，背に対する配慮があまり行き届いていない，重要な情報源と見なしていないものが意外に多いという印象を受けた。流行のコデックス装[2)] などは図書館泣かせといえる。

そうしたなか，背のフォントや色づかいを大切にし，思わず手にとりたくなる工夫を施している本は評価したいと考えた。

(2) 利用に耐える堅牢さを備えていること

個人が家でひとり楽しむ場合と違って，図書館に置かれた本は多くの人の手に触れる。堅牢さは重要な要素である。

堅牢さのうち本の開きに関しては，糊の進歩や，クータ・バインディング[3)] の登場などにより，近年飛躍的に向上した。しかし，外装の丈夫さという点ではまだ必ずしも十分といえない書籍が散見される。丈夫さにこだわると，本全体としての美しさが損なわれる点があるのかもしれない。

図書館では開きのよさはもちろんのこと，外装を含めた全体が堅牢かつ柔軟な本であれば，安心して利用に供することができるのでありがたい。

(3) 多角的な用途に配慮していること

たとえば，目で見て楽しむ本でも調べものに活用できるとか，通読を前提とするものであっても部分的に読む工夫が施されている，などの配慮である。

見返しに目次がある，巻末に丁寧な索引があるなどの特色は，図書館として高く評価しなければならない点であろう。

以上三つのポイントを追加の審査基準とし，出品作をつぶさに検討したうえで選んだのが，昨年の『ウィリアム・ホガース』と今年の『和菓子を愛した人たち』である。

大判の写真集や実験的な造本の作品などと比べると，やや地味な印象を与えたかもしれない。それでも，本づくりに携わる各分野のプロに，図書館がどういう本を望んでいるのか知っていただくよい機会になったのではないかと思っている。日本図書館協会が造本装幀コンクールに参加する意義は非常に大きいと感じた2年間だった。

おわりに

3賞を含む今年の受賞作全22点は，10月26日から28日までの3日間，神田神保町の東京堂ホールでの公開展示が決まっている。本のパッケージが持つ魅力に触れられるまたとない機会である。足を運んでいただければと思う。

いずれ，図書館資料がパッケージとは無縁の「電子書籍」で占められる時代が来るかもしれない。しかし，今のところはまだ本が中心である。それに，図書館員はまわりの人々から，自分たちが思っている以上に「本の専門家」だと見なされている。本を扱うサービスを提供する以上，恥ずかしくない程度には，造本の知識，パッケージのよしあしを見分ける目を養ってもらいたいと願っている[4)]。

注

1）日本書籍出版協会のウェブサイトの中に造本装幀コンクールのページがある（http://www.jbpa.or.jp）。また，受賞作の書影や審査員の講評が載っている公式冊子（『第○回造本装幀コンクール』）が毎年刊行されている。

2）糸で綴じた背をそのまま見えるように仕立てる仮製本スタイル。色糸を使うことでデザイン性を意識したものもある。

3）本の背の部分に筒状の紙（クータという。）を貼ることによって，本を開いたときに背表紙と本体との間に空間を生み出し，開いたまま閉じない状態を保つことができる製本スタイル。渋谷文泉閣が特許を持っている。

4）製本の基礎知識を学ぶには，『印刷技術基本ポイント　製本編』（印刷学会出版部　2013）がコンパクトでわかりやすい。造本設計から印刷・製本を含む本づくりの全体像は，『本の知識』（日本エディタースクール出版部　2009）で概要を知ることができる。また印刷製本業界の現状は，『本のエンドロール』（安藤祐介著　講談社　2018）に詳しい。小説仕立てだが，綿密な取材に基づく情報量が豊富で，何より読んで面白い。

（『図書館雑誌』2018年9月号より転載）

図書館員と書評　－今とこれからを考える－

乙骨敏夫（元埼玉県立熊谷図書館長）

1. 図書館員による書評の今

(1) 図書館員がいない

『朝日新聞』の書評が本になった。今世紀に入ってからの16年分・約7,000点を収録した，2分冊・4,300ページの大著である[1)]。

評者の数は250人。バラエティに富む顔ぶれだが，そのなかに図書館員はひとりもいない。司書資格を持っているとか，図書館に勤めた経験のある人はいるかもしれないが，図書館員（司書）を「肩書」とする人物は見あたらない。

雑誌はどうだろうか。みすず書房のPR誌『みすず』が，毎年国内の読書家を対象に，前の年に読んで興味を持った本を挙げてもらうアンケートを実施している[2)]。上の朝日新聞の書評と同じ時期で見ると，延べ2,451人が，選んだ本に対するコメントを寄せている。図書館員の名前が登場するのは1回だけである。

『朝日新聞』と『みすず』が特別というわけではない。ほかの書評欄でも，図書館員の名前を見かけることはほとんどない[3)]。

(2) 数が少ない

全国紙や一般向けの雑誌ではなく，同業者を対象にしたものはどうだろうか。

アメリカの代表的な業界誌である“Library Journal”には，毎号，長短取りまぜて200点を超えるreviewsが載っている。あらゆる分野にわたる書評の末尾には，すべて執筆者の名前と肩書が記されている。アメリカとカナダの国内で勤務する現役の図書館員たちである。

日本の業界誌では，『図書館雑誌』で連載中の「図書館員のおすすめ本」コーナー（毎号4点）以外に，“Library Journal”のような実名と肩書付きで一般書を紹介するスタイルのものはない。

(3) 図書館員の不在と書評点数の少なさの理由

一般紙（誌）の書評欄に図書館員の名前がなく，業界誌でも書評の数が少ないのはなぜだろうか。

理由の一つは，日本のメディアや読書家の間における，図書館員に対する評価の低さだろう。

一般に，書評のような知的生産物は大学の教師や学者の手になるものと思われがちだが，必ずしもそうではない。評者の6割を占めるのは，さまざまな分野の専門家たちである[4)]。そうした実態があるにもかかわらず，書評欄に図書館員の名前はめったに登場しない。書評委員会を運営する新聞や評者を選定する雑誌の編集者たちが，図書館員を，書評の書き手となりうる専門家と見なしていないからである。

読書家として知られる人たちの間でも状況は変わらない。たとえば佐藤優は，大規模書店の店員が持つ商品知識は「月並みな大学教授を凌駕することが多い」と賞賛する一方[5)]，図書館については，「本の価値を理解する基礎教養のない人が図書館司書をつとめている」とまで述べている[6)]。

厳しすぎる言い方だとは思うが，図書館の側にも問題はある。それが，図書館員の不在と書評点数の少なさのもう一つの理由である。

日本の図書館（特に公共図書館）は，1970年代以降，資料を動かすこと（＝貸出し）をサービスの中心にすえ，情報を渡すこと（＝課題解決）を新たに付け加えながら発展してきた。過去に選んだ運営方針についてとやかく言ってはいけないかもしれないが，この方針選択があったことで，結果的に「本を知ること（＝読書と書誌学的知識）」は後回しにされてしまった。

本を知らなければ，本を対象とする書評が盛んになることはない。図書館界には，書評の書き手が育つような土壌はなかったといえる。当然，書評の書き方を教える研修や養成講座なども実施されてこなかった。

このように，日本では，図書館員が書評の書き手としての評価をえてこなかっただけでなく，図書館界として組織的な育成に取り組むこともなかったのである。

2. 図書館員による書評のこれから

こうした状況を打開し，図書館員による書評の数を増やすとともに，社会的評価を高めるにはどうすればよいのだろうか。

点数を増やすには多くの人に書いてもらうのが一番である。ただし，書いた原稿を発表する場がなければ先に進まない。幸いなことに，前に触れた「図書館員のおすすめ本」コーナーがあり，これまでに70人以上の原稿が掲載されている[7)]。公募も受け付けており，ハードルは決して高くない。出版関係者も注目しているコーナーである。ひとりでも多くの図書館員の投稿を期待したい。

社会的評価を高めるほうはどうすればよいか。図書館員の利点を生かし，ほかの書評では見られないような独自のスタイルを作りあげることが必要だろう。その鍵となる点を三つ挙げてみたい。

(1) 公正な書評を書く

書評の微妙なところは，読み手には，評者と著者や出版社などとの関係がほとんどわからないことである。書かれた文章の背後に，知人の本だから，販売の一環として，などの理由があったとしても，評者の立場を知らないので，判断するのはかなりむずかしい。

この点で，図書館員の立ち位置はとてもわかりやすい。図書館員は，著者とも出版社とも一定の距離があり，特定の利害関係を持たない。本にかかわる仕事をする人たちのなかで，このような集団はほかにない。図書館員の書評は，普通に書きさえすれば，利害関係が入りこむ余地のない，安心できる公正な書評になりうるのである。

この公正さは，不特定多数の読者を対象とする書評では非常に大切な要素である。その要素を簡単に満たすことができるのだから，自分たちの強みとして生かすべきだろう。

(2) 本文以外の情報に配慮する

多くの書評は，本の内容に対するコメントが中心である。物語のあらすじや著者の主張の要約，それを受けた評者の考えなどを述べることがメインで，本の形や付き物などに触れることはあまりない。

もちろん内容は大切だが，本は内容だけで成り立つものではない。形を含めたパッケージ全体が本である。そのことを十分に理解できるのが図書館員である。

図書館員は本を選ぶ際，装幀や造本といった形態面の特徴や，索引や年表などの有無にも目を向ける。その習慣を書評に反映させることができれば，ほかでは見られない特徴的なスタイルになるはずである。

(3) 類書（関連書）を紹介する

書評でとりあげられている本だけでなく，同じテーマの別の本についても情報をえることができれば，読み手の読書範囲は大きく広がる。類書の紹介は貴重な情報といえる。

図書館員はこの点でも有利な立場にある。目の前にある1冊の本を紹介するとき，職場にはその本と同じテーマの本が必ず所蔵されているからである。しかも，書店と違って，現在入手できない本や流通ルートに乗らない本まである。この利点を活用しない手はないだろう。

類書の紹介は，何冊もの本に目を通さなければならないから負担にはなる。しかし，メリットは大きい。特に，短めの書評ではまず見かけることがないスタイルなので，読者にはとても助かる。

3. おわりに

ここまで，図書館員による書評の現状とその打開策について考えてきた。

「図書館員のおすすめ本」コーナーがスタートしたこともあり，書評への関心は少しずつ出てきたところである。書く人が増えているのはうれしいかぎりである。

そのなかから，公正さの維持や本文以外の情報への目配り，類書の紹介など，図書館員が持っている利点を生かした独自のスタイルが定まってくれば，書評の書き手としての社会的評価は高まっていくはずである。現場の図書館員，特に若い人たちの挑戦を待っている。

注

1）『朝日書評大成　2001-2008』（三省堂　2017.9）および『朝日書評大成　2009-2016』（同　2017.12）。
2）毎年1・2月合併号（2002年以前は1月号）が読書アンケート特集にあてられている。
3）たとえば，共同通信が1998年からの16年間で全国の新聞社に配信した書評約5,000点を収めた『書評大全』（三省堂　2015.4）を見ると，1,544人いる評者のなかで，図書館員はゼロである。
4）前掲の『朝日書評大成』と『書評大全』を合わせた評者の数は1,800人におよぶが，そのうち大学の教師や学者が占める割合は全体の37〜38％である。
5）『読書の技法』（佐藤優著　東洋経済新報社　2012.8　p.53）
6）「『図書館司書』は出版社・書店でご奉公」（佐藤優　『週刊新潮』　2012.3.1　p.45）
7）2018.9.30現在

（『図書館雑誌』2018年12月号「北から南から」より転載）

日本図書館協会図書紹介事業の検討について（報告）

日本図書館協会における図書紹介事業に関する検討会座長　小池信彦

日本図書館協会は1949年から図書選定事業を開始し，各図書館が図書を収集する参考となる情報（「週刊選定図書速報」）を提供してきた。近年，出版点数の増加，出版情報ツールの増加もあり「週刊選定図書速報」「選定図書総目録」の頒布数は減少してきていた。図書選定事業委員会から事業終了の提案もあり，2015年9月理事会において2015年度（2016年3月）を持って事業を終了することとした。

しかし，長年選書の参考情報を提供し図書館現場において活用されてきた経緯や公益法人として選定にかかわる情報提供が必要ではないかとの問題意識から，図書紹介事業の方向性を検討するため2015年10月に検討会が設置され，2016年3月までに検討することとなった。

日本図書館協会が取り組む図書紹介事業の方向性

1　図書館運営や図書館員・スタッフの育成に役立つ図書を紹介する事業

認知症，自殺予防，地域防災，指定管理者制度など，多くの関係者が関心を持つ課題に関する図書や雑誌記事等をまとめて広く社会に紹介する。その際，図書館現場において活用されてきた選定図書目録の利用，利用者に提供して喜ばれた図書などを現場から報告してもらうことも有益である。

利用者サービスの向上が期待できる。併せて，図書館で働く中で，迷ったり，考え方の方向性のヒントとなるような先人からのメッセージは図書館員の人材育成上も重要である。

2　公共図書館の新設や改装等での蔵書構成に関するアドバイス

新設や改築に伴って，蔵書構成に関するアドバイスを行う。他との比較を踏まえた検討は当該図書館を管理する教育委員会などへの説明に有効である。当該図書館の主体性をそこなうことがないよう注意が必要である。

※以上の事業を実施する上での留意点
- 協会事務局の体制及び収支
- 認定司書の活用
- 選定事業の成果の活用
- 出版界との連携

検討会メンバー

(1) 公立図書館の蔵書構築構成に精通する会員
堀井郁子，酒川玲子，清水隆，中多泰子
※図書選定事業委員会委員

(2) 公立図書館のサービスに精通する会員
阿部　明美（多摩市立図書館）
大石　　豊（千葉県立西部図書館）
永利　和則（小郡市立図書館）
蓑田　明子（東大和市立中央公民館）

(3) 日本図書館協会常務理事
小池　信彦（常務理事）

日本図書館協会図書紹介事業の試行に関する実施要綱

1　目的

2016年3月18日付け図書紹介事業の在り方検討委員会報告において提言された「新たな視点による図書紹介事業」のプロトタイプを検討するための試行を行うに当たって必要な事項を定める。

2　司書会員による図書紹介事業

(1) 試行する事業は，司書会員による書評を『図書館雑誌』等のメディアにおいて広く紹介する事業とする。

(2) 試行期間は，2016年5月27日から2017年2月28日までとする。

3　ワーキンググループの設置

(1) 本事業を実施するため，「司書会員による図書紹介事業試行ワーキンググループ（以下「WG」という。）を設置する。

(2) WGのメンバーは，3名以上10名以内とし，理事長が司書会員の中から委嘱する。

(3) WGの座長は，メンバーの中から理事長が指名する。

(4) WGには，座長の推薦により理事長が委嘱する書評作成協力者を置くことができる。

(5) WGの任務は次のとおりとする。

ア　書評作成に必要な事項の検討

（ア）作成頻度，書評点数

（イ）掲載メディアの選定

（ウ）書評対象図書の範囲（分野，刊行年，入手可能性等）

（エ）字数，体裁などの執筆要領

イ　書評作成協力者等との連絡調整

（ア）書評作成協力者の選任及び依頼

（イ）書評作成上の連絡調整

ウ　その他，理事長が必要と認める事項

(6) 座長は，試行結果及び本格実施に向けた課題等をまとめ，2017 年 3 月 31 日までに理事長に報告しなければならない。
(7) WG の設置期間は 2016 年 5 月 27 日から 2017 年 3 月 31 日までとする。

4　理事長は，WG の報告をもとに，本格実施への移行を理事会に諮る。

附則

1　本実施要綱は 2016 年 5 月 27 日から施行する。
2　本実施要綱にかかる軽微な変更及び本実施要綱に基づく試行に関し必要なことは常任理事会に委任する。

日本図書館協会図書紹介事業委員会規程（旧）

（設置）

第1条　公益社団法人日本図書館協会（以下「本法人」という。）定款（以下「定款」という。）第51条に基づき，日本図書館協会図書紹介事業委員会（以下「委員会」という。）を設置する。

（任務等）

第2条　委員会は，公立図書館等における選書等の参考となる図書の紹介（以下「本事業」という。）を行うため，次の事項を任務とする。

(1) 公立図書館等における選書等の参考に資する図書の書評による紹介

(2) 選書ツールとしてふさわしい書評の質の確保

(3) 本事業で紹介する図書の範囲の維持

(4) その他本事業の遂行に必要な調査・調整・連絡

2　委員会は，前項に係る任務を遂行するため，次の事務を行う。

(1) 本事業に係る書評原稿の執筆要領の策定

(2) 書評原稿の執筆者選定ならびに執筆原稿の確認

(3) その他本事業の事務の実施に必要な事項

（組織）

第3条　委員会は，委員長1名及び委員10名以内をもって組織する。

2　委員長及び委員の任命及び解職は，理事会の議決を経て理事長が行う。

3　委員は互選により委員長を選出し，理事長に推薦する。

4　委員長は委員会を代表し，会務を総理する。ただし，委員長に事故あるときは，予め委員長が指名した委員がその任にあたる。

（委員の任期）

第4条　委員長及び委員の任期は，定款第34条第1項に定める理事の任期と同一とする。

2　委員が欠けた場合の後任の委員の任期は，前任者の残任期間とする。

（委員会の議事）

第5条　委員会は委員長が招集する。

2　委員会は，委員の過半数が出席しなければ，会議を開くことができない。委員は，電子的な通信手段によって委員会に出席することができる。

3　委員会の議事は，出席した委員の過半数でこれを決し，可否同数のときは委員長の決するところによる。

（小委員会等）

第6条　委員会は，第2条に定める任務等について，必要な場合には期限を定めて小委員会又は特別チーム（ワーキンググループ）（以下「小委員会等」という。）を置くことができる。

2　小委員会等の委員は，委員会の推薦に基づき理事長が選任する。小委員会等の委員は委員会の委員及び委員以外の専門家をもって充てることができる。

3　小委員会等の委員の任期は，小委員会等の設置期間とする。

4　小委員会等の委員が欠けた場合の後任の委員の任期は，前任者の残任期間とする。

5　小委員会等に座長を置くこととし，座長が小委員会等を代表し，会務を総理する。

6　小委員会等の座長は，小委員会等の委員の互選とする。

7　小委員会等の座長は，委員長が求めるときは，小委員会等の活動を文書で委員長に報告しなければならない。

（理事会に対する報告）

第7条　委員長は，委員会の活動を理事会に対して，毎年6月に開催される定時代議員総会の1か月前までに，文書で報告しなければならない。

（委員会の経費）

第8条　委員会の経費は，本法人の予算の範囲内でまかなう。

（規程の改廃）

第9条　この規程の改廃は，理事会の議決による。

附則　この規程は平成29年4月1日から施行する。

2　最初の委員の任期は，選任のときから当該選任日における本法人役員の任期の終了の日までとする。

3　本規程の施行日をもって，「日本図書館協会図書紹介事業の試行に関する実施要綱」を廃止する。

4　「司書会員による図書紹介事業試行ワーキンググループ」において実施された図書紹介事業については，本委員会が継承する。

日本図書館協会図書紹介事業委員会規程

（設置・目的）

第1条　公益社団法人日本図書館協会定款（以下「定款」という。）第51条第1項に基づき，日本図書館協会図書紹介事業委員会（以下「委員会」という。）を設置し，その組織及び運営について，公益社団法人日本図書館協会委員会通則規程（以下「委員会通則」という。）第3条により定める。

（任務等）

第2条　委員会は，公立図書館等における選書等の参考となる図書の紹介（以下「本事業」という。）を行うため，次の事項を任務とする。

（1）公立図書館等における選書等の参考に資する図書の書評による紹介

（2）選書ツールとしてふさわしい書評の質の確保

（3）本事業で紹介する図書の範囲の維持

（4）その他本事業の遂行に必要な調査・調整・連絡

2　委員会は，前項に係る任務を遂行するため，次の事務を行う。

（1）本事業に係る書評原稿の執筆要領の策定

（2）書評原稿の執筆者選定ならびに執筆原稿の確認

（3）その他，本事業の事務の実施に必要な事項

（組織）

第3条　委員会は，11名以内の委員をもって構成する。

2　委員長及び委員の任命及び解職は，理事会の議決を経て理事長が行う。

3　理事長は委員の互選によって選出された者を委員長候補者として理事会に提案するこができる。

4　委員長は委員会を代表し，会務を総理する。

5　委員長に事故あるときは，予め委員長が指名した委員がその任にあたる。

（委員の任期）

第4条　委員長及び委員の任期は，定款第34条第1項に定める理事の任期と同一とする。
2　委員が欠けた場合の後任の委員の任期は，前任者の残任期間とする。

（委員会の議事）
第5条　委員会は委員長が招集する。
2　委員会は，委員の過半数が出席しなければ，会議を開くことができない。委員は，電子的な通信手段によって委員会に出席することができる。
3　委員会の議事は，出席した委員の過半数でこれを決し，可否同数のときは委員長の決するところによる。
4　委員会に出席できない委員は，他の委員又は委員長に，予め通知された議事についてその議決権を委任することができることとし，この場合，その委員は出席したものとみなす。

（理事会に対する報告）
第6条　委員長は，委員会の活動を理事会に対して，委員会通則第10条第1項に基づき，毎事業年度終了後3か月以内に開催される定時代議員総会の1か月前までに，文書で報告しなければならない。また，委員長は，同条第2項に基づき，理事長又は理事会の求めに応じて，委員会の活動を理事長又は理事会に報告しなければならない。

（委員会の経費）
第7条　委員会の経費は，本法人の予算の範囲内でまかなう。

（規程の改廃）
第8条　この規程の改廃は，理事会の議決による。

附則
この規程は平成29年4月1日から施行する。
2　最初の委員の任期は，選任のときから当該選任日における本法人役員の任期の終了の日までとする。

3　本規程の施行日をもって，「日本図書館協会図書紹介事業の試行に関する実施要綱」を廃止する。

4　「司書会員による図書紹介事業試行ワーキンググループ」において実施された図書紹介事業については，本委員会が継承する。

附則

この規程は，平成30年12月21日から施行する。

日本図書館協会図書紹介事業にかかる執筆要領

2017年5月15日制定
2019年5月9日改定

1　方針

(1) この要領は，「日本図書館協会図書紹介事業委員会規程」第2条第2項(1)および(2)に基づき，図書紹介にかかる諸事項を定めるものである。

(2) 書評原稿の作成者（以下「作成者」という。）は，書評の作成に当たって以下の点に留意する。

ア　自館または他館の蔵書の中から，図書館員ならびに一般読者にすすめたい図書を選定し，書評を作成する。ただし，作成の時点で新刊書店の店頭または出版社に在庫があり，購入可能なものに限り，原則として，次のものは除外する。

（ア）図書館情報学関連図書

（イ）文芸書（詩，小説，戯曲等）

（ウ）児童を対象とするもの（絵本，紙芝居，児童書等）

（エ）専門家に利用が限定される学術書・マニュアル等

イ　悪意や攻撃を目的とした批判は行わず，人権およびプライバシーに十分配慮した表現に努める。

2　体裁

(1) 書評1点当たりの字数は，全体で22字×39行を超えないものとする。

ア　冒頭の3行には，対象とする図書の基本的な書誌事項を記載する。

イ　書評の本文は，22字×35行とする。

ウ　末尾の1行には，（　）内に作成者の名前（ふりがな），所属および日本図書館協会認定司書番号を記載する。

(2) 対象とする図書の書影は入れない。

3　原稿の書き方

(1) 読みやすさを考慮し，必要に応じて改行する。

ア　書き出しおよび改行の際は，1字分下げる。

イ　小見出しは入れない。

(2) 図書の内容を引用または参照する際には，以下の点に留意する。

ア　引用は適正な範囲内で行うこととし，用字・用語を含めて正確に引用するとともに，引用したページを示したうえ，全体を「　」でくくる。

イ　途中を略す場合は（中略），（以下略）とする。

ウ　対象図書以外の書名は『　』でくくり，必要に応じて書誌事項を記す。

(3) 用字・用語については，以下のとおりとする。

ア　句読点はコンマ（，），マル（。）を使用する。

イ　本文は「デアル調」とし，仮名遣いは「現代仮名遣い」，漢字はおおむね「常用漢字表」の範囲内で使用する。

4　原稿の提出，校正および掲載

(1) 原稿は電子データ（Microsoft Word）で作成し，定められた期日までに事務局（日本図書館協会事務局出版部　電子メール：shuppan@jla.or.jp）に提出する。

(2) 提出された原稿は，依頼原稿であるか公募原稿であるかにかかわらず，図書紹介事業委員会（以下「委員会」という。）において体裁・内容等をチェックのうえ，採用の可否を決定する。

(3) 採用に当たって修正を加える必要があると判断したときは，修正箇所と理由を明示したうえ，委員長名で修正を依頼する。

(4) 著者校正を1回行う。

(5) 再校は，委員会および事務局の責任において行う。

(6) 校了原稿は，機関誌『図書館雑誌』，株式会社読書人発行『週刊読書人』および「週刊読書人ウェブ」に掲載する。

(7) 本応募に関連して取得する個人情報は，他の目的で使用することは一切しない。

図書紹介事業ワーキンググループ 委員名簿

秋本　敏（元ふじみ野市立図書館長）

大塚敏高（元神奈川県立図書館部長）

乙骨敏夫（元埼玉県立熊谷図書館長）＝座長

堀岡秀清（東京都立板橋高等学校）

担当理事：山本宏義（日本図書館協会副理事長）

　　　　　西野一夫（日本図書館協会専務理事）

図書紹介事業委員会 委員名簿

秋本　敏（元ふじみ野市立図書館長）

大塚敏高（元神奈川県立図書館部長）

大林正智（豊橋市まちなか図書館開館準備室）　*2017年11月～

乙骨敏夫（元埼玉県立熊谷図書館長）　*～2018年5月

笠川昭治（神奈川県立茅ケ崎高等学校図書館）

笹川美季（府中市立図書館）　*2017年11月～

髙橋将人（南相馬市立中央図書館）　*2018年4月～

手塚美希（紫波町図書館）　*2018年4月～

仲　明彦（京都府立洛北高等学校図書館）

委員長

乙骨敏夫　2017年4月～2018年5月

秋本　敏　2018年6月～現在

図書紹介事業委員会　沿革

2015年10月　「日本図書館協会における図書紹介事業に関する検討会」設置

2016年3月18日　2015年度通算第6回理事会にて「日本図書館協会における図書紹介事業に関する検討会」に関する報告書が提出

2016年3月　図書選定事業委員会　事業終了

2016年5月27日　2016年度通算第2回理事会にて「日本図書館協会図書紹介事業に関する実施要綱」が承認,「司書会員による図書紹介事業試行ワーキンググループ」設置（設置期間：2016年5月27日～2017年3月31日）

2016年10月　「図書館員のおすすめ本」を『図書館雑誌』にて試行連載開始（～2017年2月）

2017年3月17日　2016年度通算第6回理事会にて「日本図書館協会図書紹介事業委員会規程」制定，図書紹介事業委員会を設置，造本装幀コンクール・日本図書館協会賞の選定担当を受諾

2017年4月　図書紹介事業委員会委員長が公益社団法人読書推進運動協議会理事に就任

2017年7月3日　第51回造本装幀コンクール・日本図書館協会賞を『ウィリアム・ホガース　“描かれた道徳”の分析』(伊丹市立美術館　2016)に決定

2017年6月　「図書館員のおすすめ本」を『図書館雑誌』にて連載再開

2017年8月　「図書館員のおすすめ本」公募を開始

2018年5月30日　第52回造本装幀コンクール・日本図書館協会賞を『和菓子を愛した人たち』（虎屋文庫編著　山川出版社　2017）に決定

2018年6月18日　図書紹介事業委員会ウェブサイトにて「図書館員のおすすめ本」書評本文を一部公開開始

2018年8月6日　図書紹介事業委員会ウェブサイトにて「図書館員のおすすめ本」書評本文を本格公開

2019年1月25日　2018年度通算第3回理事会にて「日本図書館協会図書

紹介事業委員会規程」改正

2019 年 5 月 10 日　「図書館員のおすすめ本」を『週刊読書人』でも連載開始

2019 年 5 月 29 日　第 53 回造本装幀コンクール・日本図書館協会賞を『関西弁事典』（真田信治監修　ひつじ書房　2018）に決定

あとがき

本書を誰よりも待ち望んでいたのは，前委員長の乙骨敏夫さんだろう。乙骨さんはこの事業の生みの親だった。2019年夏，腎臓がんで逝去。享年63歳だった。図書館員向けの書評講座や書店員と司書の合同イベントなどの実施を考えていたと後日知った。志半ばで逝った乙骨さんに本書を捧げる。（秋本　敏）

書いてくれた図書館員の皆さま，ありがとうございました。それぞれを読んでみて「なかなかやるもんだな」という感じでした。考えてみたら日常たくさんの本に接して，自分の図書館の蔵書につなげているわけで，その仕事の延長上に「おすすめ本」があるんですね。乙骨さんの思っていたとおりになったのではないでしょうか。（大塚敏高）

この人の文章，もっと読んでみたい！そんな気持ちで執筆を依頼すると必ず「これは！」という本を紹介してくれて唸らされます。文章が上手な人は「読み巧者」でもあるんだな，と実感することの連続。「司書は書評できてナンボですよ」とほろ酔いの乙骨さんが言っていたなあ。（大林正智）

執筆してくださったみなさんの原稿を改めて読んでみて，司書の力と，何より本の力を感じました。膨大な数が出版されている本の中から，どの本を選んで紹介するのか，日常的にたくさんの本と接し，利用者と接する中で育まれた司書の選択眼が，その力を

生み出しているに違いありません。（笠川昭治）

本には，人々の伝えたいことが詰まっています。時間や距離を越えて届く，誰かの「伝えたい」という思い。「本と人をつなぎたい」という図書館員の思い。その両方がぎっしり詰まった「おすすめ本」。ああ，この面白さか。この熱さか。今更ながらに，乙骨さんの言葉が思い返されて。（笹川美季）

「これ面白いよ！」と無邪気に本を手渡していたあの頃。懐かしく，それでいてなんと尊かったことでしょう。時が経って本や人を知るほど，本を評することの怖さを感じるようになりました。それでも，司書は本を語らなければならないと思います。語る言葉を内に持つために読むのです。（髙橋将人）

委員の中で最も新参者かつ最も東京から遠い地の司書で，書評を書いた経験もほぼないのに，お引き受けした理由はただ一つ。地方で日々奮闘しキラキラ輝く司書さんを紹介したかったから。ある日突然私から「実はお願いが…」と切り出される皆さま，どうか断らないでくださいね。（手塚美希）

乙骨敏夫さんと直接お会いしたのはたった一度のことでしたが，乙骨さんから多くのことを学ばせていただきました。本当にありがとうございました。執筆くださった図書館員の一字一字に込めた深い思いが，この本を手に取ってくださった方々と，図書館を利用される方々に届くことを願います。（仲　明彦）

評者索引

書名索引

【は行】

【ま行】

【や行】

【わ行】

執筆者紹介

第Ⅱ部　初出一覧，紹介本・評者紹介

※所属は2020年11月現在　※年・号はすべて『図書館雑誌』掲載号
※< >はNDC新訂10版による分類

2016年10月号

日本の森列伝　自然と人が織りなす物語<652.1>
　大塚　敏高（元神奈川県立図書館）

ブライアン・ウィルソン&ザ・ビーチ・ボーイズ　消えた『スマイル』を探し求めた40年<767.8>
　大林　正智（豊橋市まちなか図書館開館準備室）

2016年11月号

本の声を聴け　ブックディレクター幅允孝の仕事<024.1>
　乙骨　敏夫（元埼玉県立熊谷図書館）

研究不正　科学者の捏造，改竄，盗用<407>
　砂生絵里奈（鶴ヶ島市教育委員会，日本図書館協会認定司書第1060号）

カラスと京都<488.99>
　高田　高史（神奈川県立川崎図書館）

認知症になった私が伝えたいこと<916>
　舟田　　彰（川崎市立宮前図書館）

2016年12月号

断片的なものの社会学<361.04>
　小野　　桂（神奈川県立図書館）

翻訳できない世界のことば<801.4>
　木下　通子（埼玉県立浦和第一女子高等学校図書館）

ブラック・スワン　不確実性とリスクの本質　上・下<417.1>
　髙橋　将人（南相馬市立中央図書館）

洋菓子百科事典<596.65>
　山作　美幸（神奈川県立図書館）

2017年1月号

「フクシマ」論　原子力ムラはなぜ生まれたのか<539.091>
　秋本　　敏（元ふじみ野市立図書館）

破綻からの奇蹟　いま夕張市民から学ぶこと<498.02115>
　岩本　高幸（和泉市立和泉図書館）

日本語の科学が世界を変える<407>
　栗生　育美（吹田市立中央図書館，日本図書館協会認定司書第1112号）

オオカミの護符<387.0213>
　山成亜樹子（神奈川県立図書館）

2017年2月号

弱いつながり　検索ワードを探す旅<914.6>
　亀田　純子（神奈川県立津久井浜高等学校図書館）

プーチン　人間的考察<289.3>
　前田　真樹（飯能市立図書館）

世界のエリートが学んでいる教養としての哲学<100>
　山下　樹子（神奈川県立図書館）

中村屋のボース<289.2>
　若園　義彦（元鶴ヶ島市立図書館）

2017年6月号

裸足で逃げる<367.68>
　川﨑　彩子（飯能市教育委員会，日本図書館協会認定司書第1132号）

むし学<486>
　山本　輝子（埼玉県立久喜図書館）

「表現の自由」の守り方<316.1>
　小野　　桂（神奈川県立図書館）

イラストで見る昭和の消えた仕事図鑑<384.3>
　横山みどり（越谷市立図書館）

2017年7月号

生物に学ぶイノベーション　進化38億年の超技術<491.3>
　岸　　広至（飯能市立図書館）

竹島水族館の本<480.76>
　高田　高史（神奈川県立川崎図書館）

秘島図鑑<291.09>
　松本　和代（菊陽町図書館（熊本県），日本図書館協会認定司書第 1088 号）

コバルト文庫で辿る少女小説変遷史<909>
　三富　清香（新潟県立図書館）

2017 年 8 月号

桜がなくなる日　生物の絶滅と多様性を考える<468>
　大塚　敏高（元神奈川県立図書館）

健康で文化的な最低限度の生活　(1)<726.1>
　大林　正智（豊橋市まちなか図書館開館準備室）

地方創生大全<601.1>
　砂生絵里奈（鶴ヶ島市教育委員会，日本図書館協会認定司書第 1060 号）

移民の宴　日本に移り住んだ外国人の不思議な食生活<383.81>
　宮崎　　聡（神奈川県立横須賀南高等学校図書館）

2017 年 9 月号

読んでいない本について堂々と語る方法<019>
　乙骨　敏夫（元埼玉県立熊谷図書館）

洲崎球場のポール際　プロ野球の「聖地」に輝いた一瞬の光<783.7>
　仲　　明彦（京都府立洛北高等学校図書館）

日本のカタチ 2050　「こうなったらいい未来」の描き方<304>
　廣嶋由紀子（八郎潟町立図書館）

戦地の図書館　海を越えた一億四千万冊<019.0253>
　山成亜樹子（神奈川県立図書館）

2017 年 10 月号

似ている英語<834>
　笠川　昭治（神奈川県立茅ケ崎高等学校図書館）

いまモリッシーを聴くということ<767.8>
　久保田崇子（埼玉県立熊谷図書館）

日本の手仕事をつなぐ旅. うつわ①　久野恵一と民藝の 45 年<750.21>

手塚　美希（紫波町図書館（岩手県））

正社員消滅<366>

森谷　芳浩（神奈川県立図書館）

2017年11月号

われらの子ども　米国における機会格差の拡大<367.653>

戸田久美子（同志社国際中学校·高等学校コミュニケーションセンター）

知識ゼロからの天気予報学入門<451.28>

星野　盾（沼田市教育委員会，日本図書館協会認定司書第2026号）

はじめて学ぶ法学の世界　憲法・民法・刑法の基礎<321>

松田　康佑（埼玉県立熊谷図書館）

日本まじない食図鑑　お守りを食べ，縁起を味わう<386.1>

山下　樹子（神奈川県立図書館）

2017年12月号

決してマネしないでください。<726.1>

湯川　康宏（埼玉県立飯能高等学校図書館，日本図書館協会認定司書第2032号）

「お絵かき」の想像力　子どもの心と豊かな世界<371.45>

笹川　美季（府中市立図書館(東京都)，日本図書館協会認定司書第2012号）

動物になって生きてみた<481.78>

田中貴美子（札幌市厚別図書館，日本図書館協会認定司書第1062号）

若者たちの食卓　自己，家族，格差，そして社会<377.9>

山作　美幸（神奈川県立保健福祉大学附属図書館）

2018年1月号

わかりあえないことから　コミュニケーション能力とは何か<361.454>

大橋　はるか（飯能市役所，日本図書館協会認定司書第1095号）

うちの子は字が書けない　発達性読み書き障害の息子がいます<726.1>

土田　由紀（滋賀県立大津清陵高等学校昼間部）

欧州・トルコ思索紀行<293.09>

宮崎佳代子（千葉県立東部図書館）

絶望手帖<159>

横山　道子（神奈川県立藤沢工科高等学校図書館）

2018年2月号

地方の未来が見える本<601.1>

　郷野目香織（新庄市立図書館，日本図書館協会認定司書第1124号）

ブータンに魅せられて<302.2588>

　田邉　澄子（京都市立凌風小中学校図書館）

となりのイスラム　世界の3人に1人がイスラム教徒になる時代<167>

　橋本　紗容（洛星中学校・洛星高等学校図書館）

CRISPR　究極の遺伝子編集技術の発見<467.25>

　三村　敦美（座間市立図書館，日本図書館協会認定司書第1080号）

2018年3月号

日本神判史　盟神探湯・湯起請・鉄火起請<322.14>

　河合　真帆（鎌倉市腰越図書館）

唄めぐり<388.91>

　高柳有理子（豊橋市中央図書館，日本図書館協会認定司書第1111号）

ブルーシートのかかっていない被災直後の熊本城　2016年4月16日撮影<369.31>

　津留千亜里（熊本県立第二高等学校）

スーパーインテリジェンス　超絶AIと人類の命運<007.13>

　山縣　睦子（埼玉県教育局）

2018年4月号

民藝の日本　柳宗悦と『手仕事の日本』を旅する<750.21>

　内山　香織（黒部市立図書館）

世界のお墓<629.8>

　猿橋　広子（長野県立富士見高等学校図書館）

鷗外の恋　舞姫エリスの真実<910.268>

　村上　恵子（横浜市保土ケ谷図書館）

2018年5月号

誰がアパレルを殺すのか<589.2>

　神戸　牧子（土岐市役所）

風邪の効用<493.3>
　佐藤　敦子（鎌倉市玉縄図書館）

絶滅鳥ドードーを追い求めた男　空飛ぶ侯爵，蜂須賀正氏 1903-53
　<289.1>
　松崎　　萌（千葉県立中央図書館）

中動態の世界　意志と責任の考古学<104>
　山本　貴由（志摩市立小学校）

2018 年 6 月号

虹色のチョーク　働く幸せを実現した町工場の奇跡<589.73>
　池沢　道子（神奈川県立平塚ろう学校図書館）

牧野富太郎　植物博士の人生図鑑<289.1>
　石川　靖子（横手市立平鹿図書館）

サードプレイス　コミュニティの核になる「とびきり居心地よい場所」
　<361.78>
　戸張　裕介（調布市立図書館）

社会をつくる「物語」の力　学者と作家の創造的対話<904>
　吉井　聡子（川崎市立中原図書館，日本図書館協会認定司書第 1141 号）

2018 年 7 月号

捨てられない T シャツ<589.213>
　上杉　朋子（真庭市立中央図書館，日本図書館協会認定司書第 1122 号）

歌う鳥のキモチ<488.1>
　鏡　　円（府中市立中央図書館（東京都））

あやつられ文楽鑑賞<777.1>
　金森　陽子（大阪信愛学院図書館）

ビブリオテカ　本の景色<748>
　神原　陽子（埼玉県立熊谷図書館）

2018 年 8 月号

「国境なき医師団」を見に行く<498.06>
　新井　玲子（群馬県立伊勢崎興陽高等学校）

故宮物語　政治の縮図，文化の象徴を語る 90 話<069.6224>

鈴木　崇文（名古屋市中川図書館）

南極建築 1957-2016 <526.4>

高田　高史（神奈川県立川崎図書館）

健康格差　あなたの寿命は社会が決める<498>

谷口　美和（ふじみ野市役所）

2018年9月号

名画の中の料理<596.23>

緒方　仁子（福岡県立太宰府高等学校）

コメニウス「世界図絵」の異版本<372.348>

橋爪千代子（まちライブラリー@ブックハウスカフェ主宰）

大丈夫，働けます。<366.28>

村上さつき（大崎市図書館，日本図書館協会認定司書第1089号）

偉大なる失敗　天才科学者たちはどう間違えたか<402>

松本　佳奈（広島県立図書館）

2018年10月号

中谷宇吉郎随筆集<404.9>

小野　　桂（神奈川県立図書館）

社会学への招待<361>

鈴木　章生（オーテピア高知図書館（高知県立図書館））

描かれたザビエルと戦国日本　西欧画家のアジア認識<723.369>

中村　知美（栄光学園中学高等学校図書館）

外国人労働者受け入れと日本語教育<366.89>

村上由美子（田原市中央図書館）

2018年11月号

健康・医療の情報を読み解く　健康情報学への招待　第2版<498>

川崎かおる（岩手医科大学附属図書館）

オムライスの秘密メロンパンの謎　人気メニュー誕生ものがたり<383.81>

高井　　陽（新宿区立こども図書館）

「ういろう」にみる小田原　早雲公とともに城下町をつくった老舗<288.3>

高橋　彰子（元大磯町立図書館（神奈川県））

清張鉄道1万3500キロ<910.268>
仲　明彦（京都府立洛北高等学校図書館）

2018年12月号

ふわとろ　SIZZLE WORD「おいしい」言葉の使い方<674>
今井つかさ（厚木市立中央図書館）

ごみ収集という仕事　清掃車に乗って考えた地方自治<518.52>
遠藤　桂花（大石田町立図書館（山形県））

絶滅の人類史　なぜ「私たち」が生き延びたのか<469.2>
関根　真理（東京都立大江戸高等学校）

世界を変えた100の化石<457>
柴田わかな（旧姓：堀尾，名古屋市名東図書館）

2019年1月号

100歳の美しい脳　アルツハイマー病解明に手をさしのべた修道女たち　普及版<493.758>
大石美和子（秋田市立新屋図書館）

胃袋の近代　食と人びとの日常史<383.81>
長谷川拓哉（ゆうき図書館，日本図書館協会認定司書第1140号）

思うは招く　自分たちの力で最高のロケットを作る！<159>
深村　清美（滝川市立図書館）

私とは何か　「個人」から「分人」へ<914.6>
村上　祐子（奈良育英中学校・高等学校図書館）

2019年2月号

シリアの秘密図書館　瓦礫から取り出した本で図書館を作った人々<016.29>
井上三奈子（湘南白百合学園高等学校）

ミュージアムの女<726.1>
小川　訓代（豊橋市まちなか図書館開館準備室）

「若者」をやめて，「大人」を始める　「成熟困難時代」をどう生きるか？<361.4>
小平　彩実（旧姓：松倉，八戸市立図書館）

出会い系サイトで 70 人と実際に会ってその人に合いそうな本をすすめまくった 1 年間のこと<019>
山成亜樹子（神奈川県立図書館）

第Ⅲ部　執筆者紹介

※所属は 2020 年 11 月現在

高田　高史　神奈川県立川崎図書館
横山　道子　神奈川県立藤沢工科高等学校図書館
堀岡　秀清　東京都立広尾高等学校司書
安田　　愛　株式会社樹村房
田口　幹人　楽天ブックスネットワーク事業開発本部事業開発部シニアマネージャー
黒木　重昭　株式会社読書人顧問
持谷　寿夫　株式会社みすず書房監査役
成瀬　雅人　一般社団法人日本書籍出版協会図書館委員長，株式会社原書房
千　　錫烈　関東学院大学

図書紹介事業委員会

秋本　　敏　元ふじみ野市立図書館
大塚　敏高　元神奈川県立図書館
大林　正智　豊橋市まちなか図書館開館準備室
笠川　昭治　神奈川県立茅ケ崎高等学校図書館
笹川　美季　府中市立図書館（東京都），日本図書館協会認定司書第 2012 号
髙橋　将人　南相馬市立中央図書館
手塚　美希　紫波町図書館（岩手県）
仲　　明彦　京都府立洛北高等学校図書館

◆JLA 図書館実践シリーズ　43
司書が書く
図書館員のおすすめ本

2021年3月20日　　初版第1刷発行©

定価：本体 1600円（税別）

編　者：日本図書館協会図書紹介事業委員会
発行者：公益社団法人　日本図書館協会
〒104-0033　東京都中央区新川1-11-14
Tel 03-3523-0811(代)　Fax 03-3523-0841
デザイン：笠井亞子
印刷所：㈱丸井工文社
Printed in Japan
JLA202018　　ISBN978-4-8204-2009-5
本文の用紙は中性紙を使用しています。

JLA 図書館実践シリーズ　刊行にあたって

日本図書館協会出版委員会が「図書館員選書」を企画して 20 年あまりが経過した。図書館学研究の入門と図書館現場での実践の手引きとして，図書館関係者の座右の書を目指して刊行されてきた。

しかし，新世紀を迎え数年を経た現在，本格的な情報化社会の到来をはじめとして，大きく社会が変化するとともに，図書館に求められるサービスも新たな展開を必要としている。市民の求める新たな要求に対応していくために，従来の枠に納まらない新たな理論構築と，先進的な図書館の実践成果を踏まえた，利用者と図書館員のための出版物が待たれている。

そこで，新シリーズとして，「JLA 図書館実践シリーズ」をスタートさせることとなった。図書館の発展と変化する時代に即応しつつ，図書館をより一層市民のものとしていくためのシリーズ企画であり，図書館にかかわり意欲的に研究，実践を積み重ねている人々の力が出版事業に生かされることを望みたい。

また，新世紀の図書館学への導入の書として，一般利用者の図書館利用に資する書として，図書館員の仕事の創意や疑問に答えうる書として，図書館にかかわる内外の人々に支持されていくことを切望するものである。

2004 年 7 月 20 日

日本図書館協会出版委員会

委員長　松島　茂